リストラするくらいなら給与を下げて退職金を増やしなさい

資金確保のための社会保険料節約術

コア・コム研究所
山本御稔・勝島一 著

中央経済社

■はじめに

　未曾有の危機が日本を，そして世界を襲っています。多くの会社で，この危機をどう乗り越えればよいのかについて，侃々諤々と議論がなされていると思います。その１つの手段としてリストラも検討されているかもしれません。

　しかし，筆者はリストラを肯定しません。そこで，「リストラするくらいなら給与を下げて退職金を増やしなさい」というタイトルを掲げ，本書を刊行することにしました。会社の苦境に際して「給与を下げる」まではよくわかると思います。ここで大事なのは「退職金を増やす」ということです。この「退職金を増やす」ことこそが，本書の副題にもある「社会保険料の節約」にもつながります。その趣旨は，①会社はなんとか雇用を死守する，②従業員には少しの間だけ「給与の減額」を受け入れてもらう，③国にも「社会保険料や税金の減額」を受け入れてもらうことにより，会社の存続を図ることにあります。

　長い目で見た場合に，会社の持続可能性が高まり，社会保険料収入や税収も増え，人生100年時代に楽しく安心して暮らしていける世の中になることを提案しているのです。

　経財という言葉があります。経済の書き間違いではありません。経済は経世済民の略語ですが，経財は「経験財産」を意味します。経験を積めば積むほど，財産となりその価値が高まるのです。

　会社員として働くということは，日々，働きながら経験を積み，働くことで得る知識という財産を得ていることになるのです。

　リストラはリストラクチャリングの略語です。リストラクチャリングを直訳すると再構築になります。しかし，私たちが使うリストラの意味は多くの場合，会社の人減らしを指しており，それによる費用削減を示しています。

　リストラを行い，会社を再構築するのなら，その会社が必要とする人材を採用しなければなりません。それでは，「会社が必要とする人材」とは，どのようなものでしょうか。

　多くの場合には，会社が必要とする「経験を持っている人材」です。すなわ

ち経験財産を持つ人材なのです。その経財価値をリストラしてしまえば，再構築の機会を失ってしまいます。

　貴重な人材ならば再雇用すればいいのですが，そもそも，一度リストラされた人材は「会社に裏切られた」「戻ってもまた裏切られるだろうな」とネガティブに考えるのが当たり前で，戻ってきてはくれません。残った従業員も「次は，私かな」と思います。連鎖反応が起きるのです。リストラにプラス材料は何ひとつありません。リストラは，会社が保有していた経財，すなわち経験による財産を，完全に放棄するということになるのです。

　このように本書は，「会社の存続」と「従業員の雇用」の両立に主眼を置いています。そもそも会社があってこそ，従業員が働けて給与を得ることができるのです。そして同時に，従業員がいてこそ，会社の経営が成り立ちます。会社と従業員は一心同体で，どちらも欠かすわけにはいきません。

　コロナ禍という特異な出来事に加え，日本では高齢化と人口減少という問題もあります。人口が減っている状態で経済を維持・伸長させるためには労働力の維持が欠かせません。外国人労働者に期待することも重要ですが，現在の労働人口を維持し，勤務年齢を伸ばすといった対応は必須です。

　すなわち，従業員の「雇用の維持」が，会社のために，日本経済のためには必須なのです。本書は従業員の雇用の維持のためにあるべき手段として，給与の一部を退職金に置き換えるという方法を紹介し，それに伴って社会保険料と税金面でのメリットがあることについて記しました。

　今，働き方が大きく変わりつつあります。これまでの日本の働き方といえば終身雇用が前提でした。メンバーシップ型雇用に代表されるように，1つの会社に長く勤務し，年功序列的な人事制度のもとで仲間同士が共同生活をするような働き方でした。近時，ジョブ型雇用や副業の推進等で働き方に大きな変化が見え始めています。この変化に乗り遅れないように多くの会社が対応を進めています。

　ただ一方で，ジョブ型雇用の目新しさ，新型コロナウイルスの特異性に過度

に注目が集まり，会社という組織の本質的なあり方に対して，十分にアプローチできていないのではないかと危惧しています。

　日本という国の経済は，単純な資本主義，単純な資本家・労働者の関係で説明することはできません。資本家は労働者でもあり，労働者は資本家でもある"特異な"働き方で成り立っているのです。

　会社にいる社長も取締役も，資本家である株主のためだけに働いているわけではありません。従業員のことを考え，仲間の会社や地域社会など，さまざまなステークホルダーのより良い存続のことも考えているのです。会社が存続するということは，従業員や株主はもちろんのこと，その他の多くの人たちにとってメリットでもあり，重要課題でもあるのです。

　なんだかきれいごとを書いているようですが，要するに「会社を簡単につぶす」なんてことはありえないのです。会社は存続させるためにあるものですから，社長も取締役も従業員も，そして株主，ステークホルダーも，そのために協同・協働できることはすべきだと考えます。

　「はいはい。で，どうやって存続させるの？　何かアッと驚く策はあるのだろうね」という疑問には「そんなに都合のよい解決策はないけれど，実際的な，どの会社にも対応が可能な策はある」とお答えしたいと思います。

　冒頭でも述べたとおり，解決策は社会保険制度です。会社とその従業員は必ず社会保険制度に加入します。会社と従業員で社会保険料を支払います。この支払の額を大変な時には少なくし，その代替として，従業員に対する退職金や企業年金制度を積み増すという策があるのです。

　このような策を把握し，対応することによって会社の存続につなげることが可能となるのです。

　本書は，まずは会社における社会保険料に着目します。社会保険料とは，端的にいえば国民（日本に住んでいる私たち）が快適に暮らせるようにするために支払うおカネです。快適に暮らすために支払うものなのですが，「何がどう快適になるのか，そもそもいくら払っているのか」という点についての理解が十分ではないと，筆者は考えました。

　今や国民皆保険・国民皆年金が当たり前になっています。この当たり前の制

度は1961年に出来上がったものです。この制度ができてから60年という年月が経っています。60年も経てば社会保険料も“高齢化”が進んでいるのではないか，新しい取組み方を考えてもよいのではないか…とも考えました。

　さらに，この社会保険料に対して，退職金や企業年金制度で対応できるのではないかと考えました。公的年金制度についても，特に厚生年金保険制度について記すことにしました。

　2021年5月

　　　　　　　　　　　　　　　　　　　　　コア・コム研究所
　　　　　　　　　　　　　　　　　　　　　山本　御稔
　　　　　　　　　　　　　　　　　　　　　勝島　　一

■本書の前提

　この本をご理解いただくにあたって，あまりにも専門的な用語が多いので，以下に読書のための前提条件を掲げます。

- 社会保険：広義の社会保険は，「労災保険」「雇用保険」「健康保険」「介護保険」「厚生年金保険」「国民年金」などを含みますが，本書では会社員が加入する「健康保険（40歳以上の方の場合には「介護保険」を含む）」と「厚生年金保険」を「社会保険」と呼ぶこととしています。

- 標準報酬月額：健康保険や厚生年金保険で保険料の額や年金額を計算する際に使用される金額で，実際の報酬の月額を区切りのよい幅で区分したものです。

- 給与：本書では，基本給のほか，家族手当，通勤手当，住宅手当，残業手当等を含み，労働の対償として会社から現金または現物で支給するものを指しています。標準報酬月額の設定の元となる給与として使用しています。

- 所得税，住民税：家族構成等により各種控除額が異なり，税額は一定となりませんが，本書では，給与所得控除，基礎控除，社会保険料控除のみを考慮し，住民税率を10%として概算しています。

■登場人物の紹介

ナオ	株式会社サバイバル　人事部組替課 新入社員にもかかわらず，人員整理を検討する社長に迫り，組替プロジェクトを推進する。 情にもろく，歴史が好きで，なかでも織田信長を崇拝している。
ハジメ	株式会社サバイバル　人事部組替課 人員整理をめぐって揉めていた社長とナオに給与と退職金の『組替え』策を提示した，組替えのプロジェクトリーダー。 ナオの研修担当で，アクチュアリーの資格を保有する。統計学や行動経済学に詳しく，いつも冷静。冗談を言ったりするのは苦手。
社長	株式会社サバイバル　代表取締役社長 決断は早い。感染症の拡大で業績が落ち込み，人員整理を検討している。

目　　次

はじめに・I

本書の前提・V

登場人物の紹介・VI

序　章　リストラがやってきた！
人事部組替課プロジェクトのはじまり ……………… 1

リストラがやってくる ……………………………………… 1

　(1)　社会保険とは「共助」の仕組みである・3

　(2)　2万円の減額では足りない？・4

　(3)　社会保険料を動かそう！・6

　(4)　給与を将来の退職金に組み替える・8

　(5)　24カ月ルール・9

第1章　まずは社会保険料のことを知っておこう
退職金と社会保険 …………………………………………… 12

給与減額プラス社会保険料節約 ……………………………… 12

　(1)　給与の一部を退職金に組み替えることでできること・13

　(2)　社会保険料への影響・17

　(3)　退職金と税金・21

　(4)　社会保険料を節約したことによる厚生年金の減少の大きさ・23

　(5)　社会保険の保険料と給付の仕組み・27

　(6)　24カ月ルールの損得のまとめ・30

第2章　社会保険料を減らして退職金を増やす
組替えのバリエーション ················· 34

前提条件は流動的 ······················· 34

- ⑴　会社メリットの金額と期間・35
- ⑵　退職金水準に応じた従業員メリットの変化・40
- ⑶　給与水準に応じた従業員メリットの変化・44

第3章　減らし方と増やし方
組替設計の具体案 ····················· 48

全米は泣かないマトリクス ··············· 48

- ⑴　マトリクスのイメージと活用例・49
- ⑵　状況に応じた設計例（給与の一定率）・52
- ⑶　定率法を採用する場合の検討事項・54
- ⑷　社会保険料を基準に考えた場合の設計・57
- ⑸　恒常的な制度とした場合の留意点・61

第4章　減ると増えるをどのように説明するのか
組替実施に向けてのポイント整理 ··········· 63

本当に大切なこと ····················· 63

- ⑴　従業員への説明・64
- ⑵　規程変更・65
- ⑶　会計処理・67
- ⑷　退職金支払想定（シミュレーション）・68
- ⑸　退職金の正確な計算・70

第5章　企業年金を利用してみる方策
組替案への追加オプション ································ 72

わかっていてもモヤモヤする限定合理性 ·················· 72

⑴　従業員に気持ちよく組替えを納得してもらう
　　"プラスアルファ"給付・73

⑵　"企業年金の積立金"の活用・76

⑶　確定給付型の企業年金の代わりの「企業型DC」の導入・78

第6章　年金制度の変化と人生100年時代
2020年年金制度の見直し ···························· 80

人間100年…おカネも夢幻の如くなり ················ 80

⑴　簡易型DC・81

⑵　iDeCoプラス・84

⑶　企業型DCとiDeCoの加入可能年齢等の引上げ・86

第7章　財務・会計の対応 ···························· 88

おカネの流れを説明しよう ···························· 88

⑴　キャッシュの流れ・89

⑵　貸借対照表・90

⑶　従業員への影響・92

⑷　損得のトータル・93

第8章　公的年金制度 ································ 95

宝くじで4,000万円当たったら ···················· 95

⑴　わが国の公的年金制度の沿革・96

⑵　わが国の公的な年金制度・97

⑶　マクロ経済スライド・98

第9章　会社の退職金制度と年金制度はどうしてできたのか …………100

給与引上げ競争の果てに ………………………………100

- (1) 退職金制度の歴史・101
- (2) 今はなき適格退職年金制度・102
- (3) 厚生年金基金・103
- (4) 適格退職年金制度廃止で生まれた今の年金制度・105

第10章　副　　業 ……………………………………107

組替えの根っこにあるのは？ ……………………107

- (1) 副業・兼業は実際に起きているのか・108
- (2) メリット・109
- (3) 副業とは従業員が中心となること・110
- (4) 労働時間の通算の対象・112
- (5) 副業と社会保険制度の関係・113

第11章　ジョブ型の退職金 …………………………117

プロ野球にも退職金・年金があるらしい ………117

- (1) これまでの雇用形態はメンバーシップ型雇用・118
- (2) ジョブ型雇用・119
- (3) ジョブ型雇用のメリット・デメリット・122
- (4) ワークエンゲージメント・123
- (5) "働きやすさ"を求めるワークエンゲージメント・125
- (6) アサインマネジメント・126
- (7) 新常態のリ・スキリング・127
- (8) 社会保険・退職金・企業年金・127

序　章

リストラがやってきた！
人事部組替課プロジェクトのはじまり

リストラがやってくる

「社長…ちょっといいですか？」

「おお，新入社員のナオちゃんじゃないか！」

「お言葉ですけど，ナオちゃんはやめてください。万が一ですが，私を女だとみて『ちゃん』付けをしたということであれば，SDGsの目標5の『ジェンダー平等を実現しよう』の考え方から，ずれていますよ」

「あ，ごめん，なんて呼べばいいかな？」

「"ナオさん"ならいいです。私の名前の"ナオ"は漢字だと直ですからね。直球で，ずばずばいきますよ」

「ところでどうして私の部屋に？」

「いやな噂を耳にしたんです。会社の経営がうまくいっていないって」

「うーん。うまくいっているかどうかは，社長の私が考えるから，ナオさんは仕事をしてくれよ。さ，人事部に戻りなさい。君は人事の給与担当だからしっかり給与を払ってくれよ」

「よくない噂が広がっているんですよ」

「よくない噂？」

「はい。近いうちに人減らしが…。5人が会社を去ることになるって」

「そんな噂が…。誰もクビにしたくないけれど，何人かは臨時に退職してもらうなんてこともあるかも。今の苦しい状況でみんなにずっと給与を支払ってい

ると会社が倒産してしまう。退職を希望する人に手を挙げてもらうことはあるかもしれない。でも，あくまでも，これは想定であって，そんなことにはならないように頑張るけれどね。さ，人事部に戻りなさい」

「この資料をみてください。2頁目に何が書いてありますか」

「むむむ…。これをどこで手に入れたんだ」

「人事部の部長の席にぺらっと置いてありましたよ」

「人事部長…ほんとに緊張感がないな。こんな極秘の書類を…」

「『極秘の書類』ってどういうことですか！　やはり，社長は5人ほどの退職者を考えているのですね。噂は本当なのですね。社長は大事な会社の仲間をどう思っているのですか。大事な仲間を減らしてどうするんですか。人減らし策は反対ですよ。大がつく反対です」

「そんなことをいっても，従業員には給与を支払わないといけないだろ。今，会社の経営は新型コロナの影響でうまくいってないのだ。給与を払うためには，従業員を減らさないと…」

「ダメです。仲間が減るのはダメです。私が社長に採用していただいて新入社員になった今年は，私を含めて，社長・従業員の総数は100人です。その100人と仲良くなって，今は本当に会社に入ってよかったと思っています。この会社でずっと働こうと思っています。会社が大好きだし，仲間も大好きです。従業員の誰1人としていなくなるのは，私が許しません」

「気持ちはわかるけど，解決策が希望退職を募るしかないのだよ。会社は新型コロナのせいでうまく行っていない。今朝の全社員ミーティングで話したとおり，2年後にはなんとか回復するだろうが，足元の2年は厳しいんだよ」

「はい。知っていますよ。足元は大変ですが，2年後には回復するのですよね。それなら2年間だけ，私の給与を減らしてください」

「あのね。ナオさんの気持ちはありがたいけど，君の給与を下げたところで，今の苦境はのりきれないのだよ」

（1）　社会保険とは「共助」の仕組みである

　会社とはロボットで成り立つものではありません。ロボットは人間が指示すれば動き出しますが，人間の指示がなければ動きません。動かさないのなら，ロボットは，どこかの倉庫に入れておけばいいのです。また必要になれば，倉庫から出してきて，動かせばいいだけです。倉庫に入っている間は，ロボットは「動かなくていいや」といって，喜んでいるかもしれません。いや，そもそも感情はないので喜びもないはずです。

　会社は人間で成り立ちます。人間だから成り立ちます。会社の従業員は社長の指示に従って動きます。ここまではロボットと同じかもしれませんが，ここからがロボットと人間の大いなる差異といってよいでしょう。人間は指示を受けるだけでなく，指示内容を適切に変化させることができます。指示の方法を従業員同士で，自らが作り出して会社を大きくしていきます。

　漢字を使って表現すれば，会社とは人間によってのみ可能な「自助」「互助」そして「共助」で成り立つものといえるのではないでしょうか。従業員は，ロボットとは違い自助の力を持っています。自分で自分を“維持”するために働くことを求めます。

　自分だけではなんともならなければ，同じ会社の仲間たちと助け合って，解決策を探ります。「互助」とは仲間同士の助け合いであり，成長に向けた案を協力して作り出すことです。従業員が複数になればなるほど，互助の力が働きます。こうして会社は成長し続けます。

　自助，互助の次に必要なのは「共助」です。共助は，会社という組織を超えたところにある，人間としての助け合いです。日本にいる人間という点で考えれば，日本人，日本に在住している外国人の全員で助け合うことになります。心の面で助け合うことは「正義」として当然のことですが，金銭面で考えるとこの共助は「社会保険制度」ということになるかもしれません。

　私たちは，社会保険制度にのっとって社会保険料を支払います。社会保険料によって共助が成り立つのです。共助があるから，自助や互助といった形で仕事に没頭できるのです。

4

　また，自助，互助は「会社の給料」といえるかもしれません。共助は会社が，そして従業員が支払う社会保険料で成り立ちます。会社がうまくいっている場合は，自助，互助，共助はうまく進みます。しかし，会社がうまくいかなくなると自助に限界が生じ，互助もむずかしくなってしまいます。

　会社がうまくいっていないとは，まさに今の状況です。新型コロナウイルス感染症（COVID-19）の感染が拡大し，私たちの個々人の行動，社会のあり方，そして経済にも大きな影響を与えており，それにより多くの会社の経営が窮地に立たされています。会社としては十分な収益を得ることができず，経済的な意味合いでの自助や互助といった機能が低下しているのです。そのような中で，会社が支払うことができる給与額を下げることを考えざるを得なくなっているのです。

　そうなった場合に共助である社会保険料はどうなるのでしょうか。社会保険料は給与のおよそ30％ぐらいです。従業員が支払うのが15％で，会社が支払うのが15％，合わせて30％となります。

　30％とはかなり大きな金額です。この大きな金額によって，私たちの公的年金である厚生年金を老後に得ることができ，健康保険によって医療費に不安を抱える必要もないのです。

　本書は，社会保険料という，普通に働いているときにはあまり気にすることのない分野に焦点を当てることから話を進めたいと思っています。それでは，ここからナオさんと社長の会話に戻ります。社長は会社の従業員5人を解雇しようと考えています。それに対して，ナオさんはなんとか解雇を阻止したいと声を荒げています。そこで，ナオさんの先輩である年金アクチュアリーも登場して解決策を考えます。アクチュアリーとは数理業務の専門資格の保有者です。年金アクチュアリーは年金などの数字のプロフェッショナルです。

(2)　2万円の減額では足りない？

「社長。私の給与から2万円引いてください。その2万円を会社の存続のために使ってください」
「気持ちはわかるよ。ありがとう。でもね，足りないんだよ。ここだけの話だ

けどね。内緒だよ。会社は今後2年間で5,520万円の赤字が出てしまうんだよ。取締役会で会計担当に綿密に計算してもらって出した額だから正確だよ。この赤字金額を解消するためには従業員5人にやめてもらう必要があるのだよ。その5人は，全員，ちょうど月給が46万円なんだ。彼らがやめると46万円×5人で毎月230万円が会社で使えるようになる。仮にだけれどこの5人がやめると，やめてから2年間は総額で5,520万円が会社で使えるようになって，会社が生き残れるのだよ。2年後には，新しく仕事が入る目途も立っている。2年間が勝負なんだ。これはもっと内緒だけど5人の中には，実は人事部長も入っているのだ」

「やっぱり！　人事部長ですか…あの人は，新入社員の私がいうのもなんですが，変わり者だし，仕事もいまいち…でもダメです。許しません」

「すいません…ちょっといいですか？」

「お，ハジメ君じゃないか。どうした？」

「はい。なんだか社長とナオさんの大騒ぎがうるさくて」

「ああ，ごめんごめん。静かにするよ」

「あの，僕，一応，アクチュアリーなので計算が得意ですから，さっきからの数字が気になっているんですけど」

「そうか。君は年金のプロだから。そうだ，ナオさんの初任者研修の担当者でもあったな」

「はい。ナオさんを指導してます。でも，ナオさんは怒ると怖いけど」

「なんですか！　あたし，怖くなんかないです。うるさいかもしれないけど」

「まあ，いいよ。ナオさんもハジメ君も席に戻りなさい」

「社長。さっきからいっておられる数字の5,520万円なんですけど。この5人の給与は確かに46万円です。この給与の従業員5人を退職させれば，その分のおカネを2年間は自由に使えますが…なんだかつまらないですね。数学的な工夫が何もないですよ。そこで，ちょっと考えたのですが，実は誰も解雇することなく，従業員が100人のまま，解決できますよ」

「そんなわけないだろ。ナオさんにいいところを見

せようとして無理しているんじゃないだろうな。宝くじに当たるから大丈夫なんてシャレにもならないことをいうなよ」

「大丈夫です。5,520万円が必要なのですよね。社長も含め、うちの会社で働いているのは100人だとして、みんなで毎月2万円ずつ出し合うのですよ。24カ月にわたって2万円を出すのです」

「ハジメ先輩。でも、2万円を出すのって抵抗感がありますよね。もらった給与から会社に2万円を返すのはハードルが高くないですか。それなら、最初から、2万円を給与から引いておけば少しは従業員の抵抗感も低くなりますよ」

「おっしゃるとおり。人間は一度でも給料を得てしまうと、それを『失う』ことに対して心理的な壁ができてしまう。これは行動経済学でも説明されていることなんだ。だから給与を2万円、減額するということからスタートするってことだよね。そう、ご名答だ！　ナオさんが正しいよ。社長、給与から2万円を減額するのですよ」

「ハジメ君が言いたいことはわかるのだけど『2万円だけ給与を下げます』と従業員のみなさんにいうのはどうなんだろう。そもそも2万円を全員が出しても毎月200万円だろ。24カ月で4,800万円だぞ。5,520万円には届いてないぞ」

「社長、気づいてませんか。ナオさん、計算してみてくれる？　5,520万円−4,800万円は何になる？」

「えーと、スマホの電卓を使うと…5,520万円−4,800万円＝720万円になります…24カ月だから24で割ると30万円ですね。従業員は100人だから、従業員1人が3,000円…でもこの3,000円って給与の減額ではないでしょ。2万円だけではなく、もう3,000円を下げるのですか？」

「ナオさん、計算ありがとう。もちろん、従業員に2万円以上の給与の減額は要求しないよ。社長、この3,000円は給与ではなくて社会保険料ですよ。社会保険料を減額できるんですよ」

(3)　社会保険料を動かそう！

　社会保険制度とは、そもそも、どのような制度なのでしょうか。その定義から、一般的に、あるいはグローバルに考えてみると、年金保険、医療保険、雇

用保険，労災保険が主流で，最近は介護保険も増えてきています。日本では，この5つの全てが適用されています。

　会社員に対するものとして，社会保険制度を狭義でとらえると，健康保険と厚生年金保険があります。健康保険は，勤務期間中であっても，退職後であっても加入が続きます。加入が続くということは，例えば医療保険の給付を受けることが一生にわたって可能であるし，一方では，（退職後に家族の被扶養者にならないのであれば）一生にわたって健康保険料を支払い続けなければならないということでもあります。

　同じ社会保険制度でも，厚生年金保険については，保険料の支払は一生続くわけではなく，"現役"として働いている間のみになります。一般的には65歳まで払います[注]。そのあとは健康保険とは異なり，年金の"受取り"のみが続きます。

　この年金受取りは一生続きます。生きている間は，年金をもらい続けることができるのです。あくまでも極端な例ですが，20歳から働き始めて65歳まで45年間にわたって厚生年金の保険料を納めておけば，それから長生きしている間はずっと年金というおカネがもらえるのです。

　本書では，厚生年金の保険料と，それによって得ることができる給付について記していきますが，保険料の上昇・減少が，給付にどのような影響を与えるのかに着目します。特に今の経営難の状況における"減少"をみていきます。ナオさん，社長，そしてハジメ先輩は，給与の減額に伴う社会保険料の減少を会社としてのメリットと理解します。

　一方，従業員にとっては，将来に受け取れる年金の減少にもなります。その減少がどれほどなのか，その解決策はあるのか。減らした給与と，将来の年金給付時に減ってしまう年金の双方の解決策を考えてみましょう。

　キーワードは"組替え"です。

（注）　65歳以上でも，働いている場合は70歳まで厚生年金保険の保険料の支払は続きます。

(4)　給与を将来の退職金に組み替える

「でも社長の立場でいわせてもらうよ。社会保険料って，私も会社の経営者として仕事をしているのだから，従業員のために支払わないといけないおカネだからねえ。何というか自然に支払っているというか，基礎的なルールとして支払っているというか…消費税みたいなものじゃないか。消費税は買い物したら絶対に払わなきゃいけないだろ。それと一緒で社会保険料って，払わなきゃいけないものだろう」

「社長。そうです。給与を払うなら必ず支払うものです。国に対して支払うものですよ。それで国は，将来の国民の年金や，生きている間の国民の健康を維持できるようにするのですよ」

「そうだろ。国が要求しているものだから払わなきゃいかんよ」

「そうですが，国は単純に社会保険料を要求しているわけではないのです。国は『給与が払える企業に勤める従業員には社会保険料を払ってもらっても大丈夫だろう』くらいに考えていて，社長が『今，会社が苦しくて給与も下げなければいけないのです』といえば，国は『なんだ。早くいってくださいよ，それは大変だ。それなら社会保険料を下げますよ』というかもしれません」

「なるほど，社長の私としたことが社会保険料に注目していなかったな。確かに，給与を下げることで社会保険料も下がるというメリットがあるのだな」

「そう考えると，社会保険料は，社長が考えるべきファイナンスの１つですよね。社長が決断すれば，２万円の給与の減額で，社会保険料を減額し，3,000円というおカネを作り出すことができます。3,000円は純粋な，会社が自由に使えるフリー・キャッシュ・フローなのですよ」

「確かに社会保険料って結構高いな。その高いのをお安くしてフリー・キャッシュ・フローを生み出すなんて経営ファイナンス領域の話だな。給与を少し抑えることにより社会保険料も抑えられるってわけだ」

「この3,000円は，細かくいえば会社の社会保険料です。従業員の社会保険料が別にあり，これも減らすことができます。いずれにしろ，会社の目線に立てば，給与を２万円減額することで，社会保険料も抑えられて，２年間で総額

5,520万円が会社で使えるようになるんですよ」

「ハジメ君。君は天才だ。ハジメ社長といってもいい！」

「そんな YouTuber がいたような…」

「社長，ハジメ先輩。これって会社の生き残りにとっては妙案ですが，私の減らされた2万円の給与はずっとそのままなのですか？」

「そうだな。2年経てば仕事も戻ると思うから，その時に給与は元に戻そう。約束するよ」

「ありがとうございます…」

「うん？　まだ何かいいたいことがありそうだな」

「ハハハ，ナオさんは正直だな。従業員としては，2年後に給与が元に戻るとはいえ，その2年間の減額された給与は戻ってこないわけですから，給与が元に戻れば大満足という感じでもないでしょうね。社長，そこのところも踏まえたうえで，もっといい案があるんですよ」

「ハジメ君。何があるのかな」

「給与の組替えです。減った2万円を将来の退職金に組み替えるのです。2年間（24カ月）×2万円，総額48万円を退職金に上乗せすれば…」

「そうか！　退職金に組み替えれば退職金が増える。そうすると，従業員は退職時のオカネが増えるから，ますます会社で頑張って働こうって思う。定年まで頑張ろうって思うってことですよね」

「ナオさんのいってることは，数理的にはどうかと思うけど，人間心理としては正しいよ。社長！　これでいきましょう。『給与と退職金の組替え』ですよ！」

「よし，わかった。給与と退職金の組替えだな。人事部に組替課を創設する。今からだ。メンバーはハジメ君とナオさんだ。頼むぞ！」

「意思決定はやっ‼」

(5)　24カ月ルール

　2020年の年初から流行し始めた新型コロナウイルス感染症（COVID-19）の影響で，多くの会社で業績が落ちています。社長からすれば，残り水（会社の

保有資金）は数滴か，もはや一滴たりとも残されていない状況かもしれません。

　そもそも新型コロナウイルス感染症で苦しむ以前から，社長の悩みはすでに存在していました。働き方改革，副業の解禁，そして週休3日〜4日の導入が始まっていました。給与体系も，成果主義や専門職制度の導入が加速化していました。直接的ではないにしろ，終身雇用が時代遅れで，否定され始めているのです。

　筆者は，そして筆者に本書の執筆に際してご意見をいただいたさまざまな会社の社長たちは，この状態におけるその場しのぎの会社の経営方法に異議を唱えます。新型コロナのような異常事態でも，働き方改革でも，どのような場合でも終身雇用は従業員の士気を高めます。会社の業績アップのためには，なによりも終身雇用という士気が大事なのです。しかし，今の状況では，終身雇用の存在感が影を潜めています。

　そこで，その打開策として「24カ月ルール」を考えてみました。

　24カ月ルールでは，社長も従業員も生き残りのために給与を減らします。でもそれは24カ月に限ります。24カ月，すなわち2年だけ給与を下げます。下げますが，その分だけを退職金に移管します。終身雇用の状況では，会社における生涯収入には変化がありません。少しだけ，収入の時期を組み替えただけであり，収入総額には差がないのです。

　65歳で定年だとすれば，会社員人生は40数年です。40数年中の2年であれば，なんとか頑張れるはずです。マラソンでいえば42.195キロのうち，2キロだけ頑張って走る，上り坂を平地のスピードで走る努力です。

　働いている40数年という長い期間に，給与を下げる2年間という時期があっても，それを退職金に移管し，勤務時と退職後のトータルで考えれば生涯で得ることができる報酬は変わらないことを前提にするのです。うまくいけば，2年を短くできるかもしれません。24カ月（2年）を18カ月にすることも，12カ月にすることもできるかもしれません。

　ただし，給与を下げる期間については，2年以上に長引かせることは考えないという重い責務を社長は負うこととしています。給与の引下げは2年＝24カ月までという前提を置くのです。社長は24カ月間，従業員の給与を下げます。従業員はこの金額減を24カ月だけ我慢します。社長はこの24カ月に給与を減ら

して得ることができる資金を利用し，そして24カ月という時間を利用し，会社を復活させるのです。

　24カ月ルールで，給与や退職金に何が起きるのか。会社としての資金の自由度はどうなるのかを実態的かつ具体的にみてみましょう。実態を具体的に説明しますので，夢のような話はまったくありません。極めて普通で，当たり前の話ですが，それが会社の生き残り策になると筆者は思います。

第1章

まずは社会保険料のことを知っておこう
退職金と社会保険

給与減額プラス社会保険料節約

「ハジメ社長！」

「ナオさん。ハジメ社長はダメだよ。ファンに叱られるよ。ハジメ先輩でいいよ。一応，僕はナオさんの指導担当なんだけどね」

「ハジメ先輩は何でも知っているから社長みたいな感じだけど…。それで，ハジメ先輩に確認したいのは…，24カ月ルールって何でしたっけ」

「24カ月ルールは，24カ月間だけ給与を毎月2万円減らして，その減らした分は退職金に置き換えるってことだよ」

「そうすると，社長からすれば従業員に支払うおカネが減るから，余裕ができるというわけですね。あと社会保険なんとかって何でしたっけ」

「社会保険料だね。会社としては2万円の給与減額で3,000円減るよ」

「24カ月で？」

「いやいや毎月の給与が2万円減ることで，社会保険料も月々3,000円減るよ。合計すると毎月，従業員1人当たり，2万3,000円の会社負担が減ることになる」

「でも，今，減っている負担は24カ月だけなわけでしょう。大丈夫かなあ」

「大丈夫かどうかはこれから説明してあげるよ。なんせ，僕は人事部組替担当だからね！」

(1)　給与の一部を退職金に組み替えることでできること

【給与と退職金】

　給与と退職金は，会社が従業員に対して"勤務に対する報酬"として支払います。この観点では給与も退職金も同じ性質を持っています。しかしながら，この給与と退職金は，会社の観点ではおカネの動きが大きく異なります。退職金は今支払うおカネではなく将来，従業員のために支払うおカネなのです。当然のことながら，従業員の観点からすれば「今，もらえるおカネが，退職時に遅延される」ということになります。ただし，この今か将来かが社会保険料には大きな影響を与えるのです。

　会社が給与として支払う場合は社会保険料がかかりますが，退職金であればかかりません。給与額に応じてかかる社会保険料は，退職金については対象外になるのです。また，従業員にとっても，給与でもらうよりも退職金のほうが所得税の節約になります。

　給与を減らすことによって経費が増えるようなことがあれば本末転倒ですが，幸いにして「24カ月ルール」ではそれはなさそうです。むしろ，社会保険料や税金といった経費は節約できる方向にありそうです。

　そうであれば，会社は従業員に対して給与を支払うことは，いっそのことやめてしまい，全てを退職金として支払えばいいのですが，そうはいきません。もしもそんなことを現実に行ってしまうと，従業員は企業に勤務しているにもかかわらず給与はもらえないことになり，その一方で，退職時（例えば65歳）に，これまで受け取ることができなかった給与の総額を上積みされた退職金を一挙に受け取ることができるといった変則的な状態になってしまいます。もちろん，税金も相当なものになるでしょう。

　現実的には，給与は必要ですし退職金も必要です。どちらも大事なのですが，給与と退職金を少し組み替えると，社会保険料に変化が起きます。会社勤務において，従業員が受け取ることができる給与と退職金の合計額を変更させずに給与の支払を退職金に移すと，結果として会社は社会保険料を抑えることになります。

　従業員としては，給与の退職金への移管についての経済的，心理的な影響はあろうかと思いますが，会社の永続性のためとして考えれば，会社としてはやるべき施策です。従業員としても，会社が倒産したり，自分がリストラされたりするくらいならば，給与が少し減ったとしても会社へ勤務し続けられることのメリットのほうが大きいのではないでしょうか。加えて，退職時までの給与・退職金の受取総額が結果として増えるというメリットもあります。なお，勤務期間の社会保険料と所得税・住民税も抑えられる方向にあります。

　従業員の受け止め方を，あくまでも会社の視点から，まずは具体的な数字をみながら考えていきましょう。

【給与の変更】

　2万円という金額で考えていきます。今の給与のうちから2万円を退職金に組み替えます。

　今の給与額が年間524万円だとしましょう。「どうして500万円ではなく中途半端な524万円なのだ？」と疑問に思われた方は少々お待ちください。理由はすぐにわかります。もはや「はいはい，24万円ね。2万だったら月数で考えれば」とわかっている方は，どうかだまって読み進めてください。

　さて，仮に給与から月2万円を減らして，その2万円を退職金に回すという考え方で話を進めます。2万円に年間の月数の12をかけると24万円になるのです。

　社長，あるいは人事部の方からすれば「今，受け取れる給与の一部の2万円を，将来の退職時にしか受け取れない2万円にするのか。従業員は今欲しいのじゃないか？」と思われるでしょう。確かにそうですが，勤務・退職の全期間で受け取る収入の総額は変わりません。今受け取れない2万円を，退職金に上乗せするという考え方なのです。「2万円の給与の後払い案」と名付けます。2万円でも1万円でもあるいは3万円でも金額はさまざまですが，ここでは2万円で話を進めます。

　図表1－1には左側に現状の年間の給与を524万円として記しています。退職まで40年として毎年524万円とすれば，給与総額は2億960万円です。退職金を1,000万円とすれば，退職時を含めた40年間の生涯収入はおよそ2億2千万

円です。少し驚くほどの金額ではないでしょうか。

　さて「2万円の給与の後払い案」では，毎月の給与から2万円を従業員には我慢をお願いします。毎月の給与が仮に30万円だったら，それが28万円になるのです。月2万円ですので年間24万円となります。24カ月で48万円になります。

　「2万円の給与の後払い案」となる前の，もともとの退職金が1,000万円だったとすると，給与からの組替え分である「2万円の給与の後払い案」の48万円を加えて，退職金は1,048万円に増額されることになります。**図表1－1**の右側に数値の動きが記されています。

図表1－1　組替えによる従業員の社会保険料と税金の影響

	現状	組替後	差
給与	524万円×40年 ＝2億960万円	500万円×2年 +524万円×38年 ＝2億912円	−48万円
退職金	1,000万円	1,048万円	+48万円
生涯報酬	約2億2千万円	約2億2千万円	±0

給与に伴い減少

社会保険料（労使折半）	−14万円
従業員の税金	−6万円
	−20万円

【社会保険料が楽になる】

　大まかに「2万円の給与の後払い案」に基づいて，社会保険料と従業員に課税される所得税・住民税を計算してみます。社会保険料率を30％と置きます。組替え分の「2万円の給与の後払い案」48万円に対する社会保険料の節約額は48万円×30％＝14万4,000円になります。給与として毎月2万円を退職金に組み替えることで，労使折半の社会保険料は14万4,000円の減少になるのです。

　所得税・住民税について概算してみますと，6万円程度節約できます。従業

員の給与を少し減らし，その分を退職金に組み替えることで，給与・退職金の生涯収入が減ることはないのに，社会保険料と税金の負担が軽くなるというわけです。

会社の負担減は，会社にとっては純粋にメリットですが，給付を受ける当事者である従業員にとっては将来の厚生年金の金額の減少につながりますので，注意が必要です。従業員にかかわる問題点と，会社側の対応方法については別途説明しますので，ここでは会社の観点で話を進めます。

会社の負担の減少に着目しましょう。会社の節約は社会保険料分14万4,000円（48万円×30％）の半分の7万2,000円です。これは2年間分ですので，年間約3万6,000円です。従業員100人とすれば，3万6,000円×100人で年間360万円です。これが会社として節約できる金額です。

これに加えて，退職金のために繰延べ（後払い）した2万円も，当面事業に活用できます。退職金制度は外部に積立てをする必要はなく（企業年金制度とは異なるため），会社の内部での引当てでよいためです。

「2万円の給与の後払い案」に基づいて資金繰りを考えます。2万円×12カ月×100人＝2,400万円となり，先ほどの100人の社会保険料の節約額と合わせると，会社としては年間2,760万円の資金繰りが可能となるのです。

ただし，ここまでは法人税が考慮されていません。会社として利益が出ている状況ではないことを前提としています。それゆえに法人税には言及していません。仮に，法人税率を20％として考慮すると，実質は2,760万円×（1－20％）＝2,208万円となることにご留意ください。

【従業員の視点でみる】

この「2万円の給与の後払い案」を実現するためには，給与の一部を退職金として後払いすることを従業員に理解してもらうことが必要です。加えて，将来において退職金を的確に支払うための資金計画が必要となります。これについては後章でみていきたいと思います。

先ほどの節約額のうち従業員分をみてみます。従業員としては，社会保険料分の14万4,000円の半分の7万2,000円と税金6万円程度を合わせて約13万円が節約されると考えられます。

　これは従業員にとって少なくない金額なので，メリットととらえてよいでしょう。ただし，社会保険料を節約したことにより，将来受け取る厚生年金の金額が減少してしまいます。社会保険料の減少分を，単純に会社のメリットととらえてしまうのは適切ではなく，従業員に不利が生じないかということにも気を配ることが大切です。

＜補足＞

社会保険料：健康保険の保険料は，健康保険組合や協会けんぽ（の場合は都道府県ごと）によって保険料率が異なりますが，本書では厚生年金保険と健康保険を合わせて30％として計算に使用しています。

（参考）　厚生年金保険料率：18.3％（労使折半）
　　　　　協会けんぽ東京支部の健康保険料率：9.87％（労使折半）
　　　　　　　　　　　介護保険料率：1.79％（労使折半）

　　　　※2020年9月時点

（2）　社会保険料への影響

「ハジメ先輩。給与2万円減による会社への影響，社会保険料の節約効果についてはわかってきたんですけど」

「わかってきた…でも"ですけど"が入っているね。わかってはきたけど，まだ何かわからないことがあるの？」

「給与って，従業員によって違うでしょ。私はまだ新入社員だから給与が少ないけど，人事部長は月額46万円ももらっているし。ハジメ先輩だって，3年目だから，新入社員の私よりも多くもらっていますよね」

「そうだね。勤続年数とか，会社への貢献とかで給与は変化するからね。今，まだ多くの日本企業の給与は勤続年数に応じて変わる部分が残っているよ」

「そう。そこなのです。給与額って，同じ会社の従業員でも，勤続年数とか地位とかで異なるわけでしょ。2万円を組み替える時に，今の給与が大きいと組み替えたら損だとか，給与額が小さいと組替えがあれば得だとかってあるのですか？　給与額がどれぐらいなら2万円の組替えの効果があるのですか？」

「なるほど，そうだね。給与額がどれぐらいならどうなるかを，まずは社会保

険料を使って説明するよ」

【135万円を超えると頭打ち】

　これまでは給与を下げれば社会保険料も下がることを前提にして，金額イメージをみていましたが，給与水準の高低によっては，その効果が十分に生かされない場合がありますので，注意が必要です。大まかに，月額の給与が65万円以上になる場合には注意してください。

　図表1－2のグラフは，給与水準と社会保険料の関係を示しています。給与が月額65万円まではおおむね給与と社会保険料は比例して上下動しますが，月額65万円以上になると，社会保険料の増加幅が小さくなり給与が月額135万円を超えると頭打ちとなります。

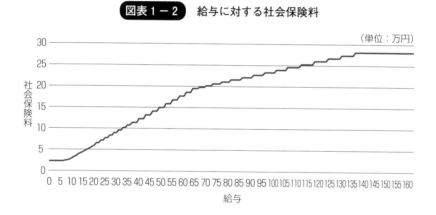

図表1－2　給与に対する社会保険料

これは，社会保険料の計算で使う給与が実際の金額ではなく，社会保険料計算用に加工された標準報酬月額というものを使用しているためです。月額の給与が135万5,000円以上になると標準報酬月額は一律139万円となり，例えば150万円でも200万円でも標準報酬月額は139万円で頭打ちとなります。すなわち，標準報酬月額においては139万円を超える金額はありません。もう十分におカネを貯めることもできるだろうから社会保険料は打ち止めにするということです。

図表1-3　給与に対する標準報酬月額と社会保険料（数値）

給与	標準報酬月額	社会保険料	給与	標準報酬月額	社会保険料	給与	標準報酬月額	社会保険料
10,000	58,000	22,867	310,000	320,000	95,872	610,000	620,000	185,752
20,000	58,000	22,867	320,000	320,000	95,872	620,000	620,000	185,752
30,000	58,000	22,867	330,000	340,000	101,864	630,000	620,000	185,752
40,000	58,000	22,867	340,000	340,000	101,864	640,000	650,000	194,740
50,000	58,000	22,867	350,000	360,000	107,856	650,000	650,000	194,740
60,000	58,000	22,867	360,000	360,000	107,856	660,000	650,000	194,740
70,000	68,000	24,033	370,000	380,000	113,848	670,000	680,000	198,238
80,000	78,000	25,199	380,000	380,000	113,848	680,000	680,000	198,238
90,000	88,000	26,365	390,000	380,000	113,848	690,000	680,000	198,238
100,000	98,000	29,361	400,000	410,000	122,836	700,000	710,000	201,736
110,000	110,000	32,956	410,000	410,000	122,836	710,000	710,000	201,736
120,000	118,000	35,353	420,000	410,000	122,836	720,000	710,000	201,736
130,000	134,000	40,146	430,000	440,000	131,824	730,000	750,000	206,400
140,000	142,000	42,543	440,000	440,000	131,824	740,000	750,000	206,400
150,000	150,000	44,940	450,000	440,000	131,824	750,000	750,000	206,400
160,000	160,000	47,936	460,000	470,000	140,812	760,000	750,000	206,400
170,000	170,000	50,932	470,000	470,000	140,812	770,000	790,000	211,064
180,000	180,000	53,928	480,000	470,000	140,812	780,000	790,000	211,064
190,000	190,000	56,924	490,000	500,000	149,800	790,000	790,000	211,064
200,000	200,000	59,920	500,000	500,000	149,800	800,000	790,000	211,064
210,000	220,000	65,912	510,000	500,000	149,800	810,000	830,000	215,728
220,000	220,000	65,912	520,000	530,000	158,788	820,000	830,000	215,728
230,000	240,000	71,904	530,000	530,000	158,788	830,000	830,000	215,728
240,000	240,000	71,904	540,000	530,000	158,788	840,000	830,000	215,728
250,000	260,000	77,896	550,000	560,000	167,776	850,000	830,000	215,728
260,000	260,000	77,896	560,000	560,000	167,776	860,000	880,000	221,558
270,000	280,000	83,888	570,000	560,000	167,776	870,000	880,000	221,558
280,000	280,000	83,888	580,000	590,000	176,764	880,000	880,000	221,558
290,000	300,000	89,880	590,000	590,000	176,764	890,000	880,000	221,558
300,000	300,000	89,880	600,000	590,000	176,764	900,000	880,000	221,558

給与	標準報酬月額	社会保険料	給与	標準報酬月額	社会保険料
910,000	930,000	227,388	1,210,000	1,210,000	260,036
920,000	930,000	227,388	1,220,000	1,210,000	260,036
930,000	930,000	227,388	1,230,000	1,210,000	260,036
940,000	930,000	227,388	1,240,000	1,270,000	267,032
950,000	930,000	227,388	1,250,000	1,270,000	267,032
960,000	980,000	233,218	1,260,000	1,270,000	267,032
970,000	980,000	233,218	1,270,000	1,270,000	267,032
980,000	980,000	233,218	1,280,000	1,270,000	267,032
990,000	980,000	233,218	1,290,000	1,270,000	267,032
1,000,000	980,000	233,218	1,300,000	1,330,000	274,028
1,010,000	1,030,000	239,048	1,310,000	1,330,000	274,028
1,020,000	1,030,000	239,048	1,320,000	1,330,000	274,028
1,030,000	1,030,000	239,048	1,330,000	1,330,000	274,028
1,040,000	1,030,000	239,048	1,340,000	1,330,000	274,028
1,050,000	1,030,000	239,048	1,350,000	1,330,000	274,028
1,060,000	1,090,000	246,044	1,360,000	1,390,000	281,024
1,070,000	1,090,000	246,044	1,370,000	1,390,000	281,024
1,080,000	1,090,000	246,044	1,380,000	1,390,000	281,024
1,090,000	1,090,000	246,044	1,390,000	1,390,000	281,024
1,100,000	1,090,000	246,044	1,400,000	1,390,000	281,024
1,110,000	1,090,000	246,044	1,410,000	1,390,000	281,024
1,120,000	1,150,000	253,040	1,420,000	1,390,000	281,024
1,130,000	1,150,000	253,040	1,430,000	1,390,000	281,024
1,140,000	1,150,000	253,040	1,440,000	1,390,000	281,024
1,150,000	1,150,000	253,040	1,450,000	1,390,000	281,024
1,160,000	1,150,000	253,040	1,460,000	1,390,000	281,024
1,170,000	1,150,000	253,040	1,470,000	1,390,000	281,024
1,180,000	1,210,000	260,036	1,480,000	1,390,000	281,024
1,190,000	1,210,000	260,036	1,490,000	1,390,000	281,024
1,200,000	1,210,000	260,036	1,500,000	1,390,000	281,024

（社会保険料は，協会けんぽ東京支部（2020年9月時点）の場合の金額です。）

勤務時に支払う社会保険料を打ち止めにする分，年金給付時にもらえる金額も打ち止めにするということです。

社会保険料＝
　厚生年金用標準報酬月額（8万8,000円〜65万円）×18.3％＋健康保険用標準報酬月額（5万8,000円〜139万円）×11.66％（協会けんぽ東京支部（2020年9月時点）の場合）

　したがって，月額給与135万5,000円以上，つまり標準報酬月額が139万円の従業員については，社会保険料の節約効果は望めないことになります。一方，月額給与65万円以下の一般的な従業員には効果が大きいといえます。会社としての従業員に対するメリットも大きいと考えられます。
　なお，グラフが細かい階段状になっていますが，これは先ほどの社会保険料計算用の標準報酬月額が階段状に設定されているためです。この階段は，1万円〜6万円で設定されており，給与を下げたとしても階段が下がらない場合は節約効果を発揮できないことになります。20万円〜40万円の給与帯では2万円幅となっていますので，組替えの金額水準として1つの目安とご理解ください。

　＜補足＞
　標準報酬月額は，従業員が受け取る給与（基本給のほかに，残業手当や通勤手当などを含めた税引前の給与）を等級分けしたものです。例えば，29万円以上31万円未満の場合は，30万円の等級に区分されます。厚生年金用は8万8,000円〜65万円の間に32等級，健康保険用は5万8,000円〜139万円の間に50等級が設定されています。
　標準報酬月額は，通常年1回9月に見直されます。4月〜6月の3カ月間の実績をもとに9月から翌年の8月まで適用されます。ただし，給与が大幅に変動した時は会社からの届出により随時改定されます。「大幅に」とは，標準報酬月額が2等級以上変動する場合であり，3カ月間の実績により判定します。
　なお，賞与についても，社会保険料の計算では実際の賞与額ではなく，標準賞与額（実際の税引前の賞与額につき千円未満を切り捨て，健康保険は年度の累計額573万円，厚生年金保険は支給1回当たり（同じ月に2回以上支給されたときは合算）150万円を上限とした額）を使用します。

（3）　退職金と税金

「ハジメ先輩。税金はどうなっているのですか？　給与には所得税がかかるでしょ。退職金って税金はかからないのですよね？　宝くじで10億円当たっても税金はかからないって聞いてます。もしもですけど10億円の退職金がわが社でもらえても税金はかからないですよね」

「ナオさん，宝くじには課税はないけど，退職金にはしっかりと税金がかかるよ。そもそも10億円の宝くじが当たるわけないし，わが社で10億円の退職金がもらえることはないけどね」

「でも，宝くじも所得でしょ。税金がかかるんじゃないですか？」

「まず，宝くじは，特別に法律があって，当せん金付証票法（とうせんきんつきしょうひょうほう）っていうのだけど，その法律で無税って決まっているんだよ」

「ええ‼　10億円もらっても本当に税金がかからないのですか？」

「そうなんだよ。そもそも宝くじって買う時に税金がかかってるんだよ。だから，ナオさんが宝くじの代金を払う時に一緒に税金を払っているんだよ」

「ハジメ先輩，いろいろ，知ってますね。アクチュアリーって宝くじの勉強もするのですか」

「しないけど…僕，宝くじ好きなんだよ。当たらないけどね。ところで退職金だけどね，確かに税金はかかるのだけれど，退職所得控除というものがあって，一定の範囲内では税金がかからないんだよ」

「一定の範囲？」

「ざっとだけど，勤続が40年ぐらいだと2,000万円ぐらいまでは税金がかからない。でも，そこから先は税金がかかってくる。宝くじみたいな10億円の退職金なんて，もしも存在すればすごく税金がかかることになるだろうね。まあ，うちの会社でそんな退職金は払えるわけないけど」

「そっかあ。退職金にも，税金はかかるんだ」

【退職金の課税式】

　まずは，退職金の課税式をみてみましょう。下記の退職所得控除額とは，退職金から一定の金額を差し引くことを指します。その分税金が安くなるのです。

<課税式>

$$\underset{①}{(\text{退職金} - \text{退職所得控除額})} \times \underset{②}{\frac{1}{2}} \times \underset{③}{\text{税率}}$$

優遇されているのは，①と②です。

① 　退職所得控除額が大きい（勤務年数で決まる。例：勤続40年で2,200万円）

② 　2分の1を乗じて課税所得が計算される

③ 　所得金額が多いほど税率が上がる累進税率

　特に退職所得控除額の効果は大きく設定されています。退職後は就業せず，所得がなくなることもあるでしょう。その点からも退職所得控除額は大きくなるのです。

　退職金額が**図表1−4**の金額以内であれば，退職金にかかる税金は0円となります。

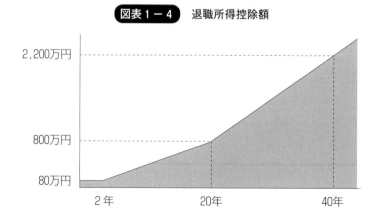

図表1−4　退職所得控除額

　給与の一部を退職金に組み替えた場合，給与にかかっていた所得税＋住民税は減り，その分退職金にかかる税額は増えると考えられます。ただし退職金額が退職所得控除額を上回るまでは，退職金にかかる税額は０円のままなのです。

　また，仮に退職金額が退職所得控除額を上回ったとしても，上記の課税式にあるとおり，２分の１が乗じられています。そのため，従業員としては給与でもらうよりも課税所得（税率を乗じる前の金額）は小さくなりますから，節税効果があると考えられます。

　＜補足＞
　　退職金と給与の関係によっては逆効果になりえます。例えば年収が1,000万円，退職金が4,000万円といったくらい退職金の水準が高い場合です。しかしながら，多くの場合は効果があると考えてよいでしょう。

(4)　社会保険料を節約したことによる厚生年金の減少の大きさ

「給与を２万円退職金に組み替える時に，社会保険料が3,000円会社に残る。つまり２万3,000円が会社として，使えるようになることはわかるよね」

「はい！　ハジメ先輩の説明でわかりました。わが社は従業員が100名だから，２年間にわたって組み替えれば5,500万円ほどのおカネが会社で使えるようになるのでしょ」

「そう。社長が認めた24カ月ルールだよ。給与２万円が組み替えられた分，端的にいえば，今は減るけど，退職時には退職金として返ってくるから，トントンというか五分五分というか…」

「トントン？　ゴブゴブ？　何ですかそれ？」

「トントンも五分五分も収支に差がないことをいうんだよ。２万円の給与減が退職金として２万円増えると，２万円引いて，２万円を足すからトントンだし五分五分だよ。投資の世界では“行って来い”っていうこともあるよ」

「２万円が行ってから，退職時には来るってことですか？　笑えちゃう」

「トントン，五分五分，行って来いは正しいんだけど，より細かくみる必要が

あるんだ。給与と退職金だけじゃなく，年金の存在を忘れちゃいけない」

「年金って厚生年金のことですか？」

「そうだよ。ナオさんにも僕にとってもずいぶん先の話だけど，65歳になったら給付が始まる公的年金制度だよ」

「ああ，人事部に配属された当日に人事部長が『ナオさん。私は部長として，ああせいこうせいってうるさいぞ。なんせ"こうせい"年金のプロだからな』っていってたのは，単なる親父ギャグじゃなくて本当のことだったんだ」

「……。さて，その厚生年金の話をしておかないと24カ月ルールに不備が起きてしまう。厚生年金について標準報酬月額で考えてみよう。今回の24カ月ルールと標準報酬月額の関係を『標準報酬月額２万円減らす大作戦』って名付けるよ。僕たち組替課の特別用語だよ」

「ハジメ先輩，面白そうです！　標準報酬月額２万円減らす大作戦を始めましょう」

【標準報酬月額２万円減らす大作戦】

　社会保険料を節約すると厚生年金の受取額も減少します。これは，社会保険料を計算する際の標準報酬月額が，厚生年金の計算にも使われるためです。ただし，社会保険料を節約した分，厚生年金も同じだけ少なくなるかといえば，そういうわけではありません。節約したわりには，厚生年金の受取りはそれほど減らないという現象が起こります。

　節約したけれど，そこまで厚生年金が減額されておらず，総合的にはプラスだと考えられます。これを「標準報酬月額２万円減らす大作戦」と名付けます。具体的にみていきましょう。先ほどの例と同じく，月額給与を２万円減らしたとします。それに応じて標準報酬月額も２万円減少するとして考えます。**図表１－５**をご覧ください。

　なお，**図表１－５**の数字は月２万円を１年間だけ減らした場合としていますので，ご注意ください。

　標準報酬月額が30万円から28万円に減った場合に，社会保険料は１年間にどれだけ減るかを記しています。また年金受取額のうち保険料１年分に対応する額（**図表１－５**の中段）は，年額になっています。

なお，給与と標準報酬月額の関係は**図表1－3**を参照ください。

図表1－5　標準報酬月額が30万円から28万円に1年間減った場合の社会保険料と年金受取額の変化

（金額単位：円）

		現状	組替後	差		会社負担分	従業員負担分
標準報酬月額	A	300,000	280,000	-20,000	会社と従業員に分けると		
社会保険料（年間）	B=A×30%×12	1,080,000	1,008,000	-72,000	--------→	-36,000	-36,000
年金受取額	年金額（年額）のうち保険料1年分に対応する額 C=A×5.481/1000×12	19,732	18,416	-1,315			
	仮に年金を20年受け取るとすると D=C×20	394,640	368,320	-26,300			

保険料の方が約9,700円少ない

（社会保険料は，料率を30%として計算しています。）

標準報酬月額が2万円，年間で24万円減少したことにより，社会保険料は30%の7万2,000円が1年間で減少します。社会保険に支払う額が減ることになります。

これを会社負担分と従業員負担分に分けると，それぞれ年3万6,000円（まあまあ大きい！）の減少だといえます。会社の観点では社会保険料が3万6,000円減るわけです。それだけ会社には資金面の自由度が生まれます。従業員1人につきほぼ3万6,000円の社会保険料を支払う必要がなくなりますから，その分だけ会社が使えるようになるというわけです。100名の会社であれば，1年で360万円が，社会保険料の支払がなくなる分だけ会社に残ることになるのです。

同様に，従業員の負担も毎月3万6,000円減少することになります。ただ，単純に負担減を喜べるわけではありません。将来の厚生年金の受取額が減ってしまうのです。社会保険料の減少は年金保険の保険料の減少でもありますから，当然，将来の年金の給付にも影響が出ます。その影響をみてみましょう。

標準報酬月額30万円で保険料を1年間支払った場合に，将来に受け取る厚生年金の金額は，少々細かいですが，年間で1万9,732円となります。これが標準報酬月額を28万円とした場合は1万8,416円となり，年間で1,315円（小数点以下を省略しているため誤差あり）減ることになります。

　年金を65歳から85歳まで20年間受け取るとすると，減少分の総額は，1,315円×20＝2万6,300円となります。月額給与を2万円減額し，社会保険料を年間約3万6,000円弱減らしたことにより，20年間に受け取る年金の減少分は2万6,300円のマイナスにとどまることになります。

　これを従業員負担分の社会保険料の減少分と比較すると約9,700円，保険料の減少のほうが大きいことがわかります。標準報酬月額を30万円から28万円に変更することにより年金額も減りますが，保険料の減り具合と比較すれば損しているわけではないのです。

　なお，この前提では，保険料（従業員負担分）と年金額の減り具合が同じになるのは，年金を約27年間受け取った場合となります。65歳から受け取ったとすると92歳までの期間となります。

　わかりづらいですね。こういうことです。社会保険料で節約できた3万6,000円は将来の厚生年金の減額に備えて貯金しておきます。そうして65歳になると厚生年金を受け取り始めます。想定よりも1,315円減額されていますので，それを賄うために，貯めた3万6,000円から1,315円だけ取り崩します。次の年，66歳になったら，やはり残った貯金3万4,685円から1,315円を取り崩します。こうして毎年取り崩して行った結果，92歳までは貯金で賄えますよ，ということです。

　従業員によっては，やはり93歳以上まで生きた場合は損するんじゃないか，とおっしゃる方もいらっしゃるかもしれません。このような場合には会社が節約できた金額の一部を退職金に上乗せすることもできます。これについては，後の章でご説明したいと思います。

　給付と負担が一致しないことに疑問を持たれる方もいらっしゃるかもしれません。次節(5)では，その仕組みについてご説明します。特に興味がないよ，という方につきましては，その先の章に進んでいただいても支障ありません。

　＜補足＞
　　厚生年金の額は，個々人ごとに本来水準（平成16年改正水準）と平成12年改正水準（従前額保障）の高いほうとされており，またそれぞれの計算においても標準報

酬を各年度ごとに再評価するなど，非常に複雑な計算となります。

　ここでは，計算方法を話の方向に影響がない程度に割り切って，本来水準で再評価を0として計算しています。

(5)　社会保険の保険料と給付の仕組み

「現役として働いている時にしっかりと社会保険料を支払えば定年後は安心ということだと思うのだけど…それで正しいかしら」

「ナオさん。基本的にはそうだよ。ただ，年金という点では少し異なる部分があるよ」

「どのあたり？」

「社会保険料って何のために払うかといえば年金と健康保険のためだよね。現役の時は給与額に応じて社会保険料が変化する。これを給与比例というんだ」

「現役時に給与が増えたら，社会保険料も上がって，老後の年金も健康保険も安心ってことですか？」

「ちょっと違うよ。現役時代に支払う社会保険料は給与に比例する。給与が上がれば社会保険料は上がるんだ。だから，給与が下がれば…今回の24カ月ルールは給与を減らすよね…それで，下がれば社会保険料は下がることになる」

「そうですね。わかります」

「この上下動が，将来，定年後の年金には〝ある程度〟は影響するんだけど，その程度は給与の変動ほどではないんだ」

「つまり…，今回の24カ月ルールで社会保険料の支払は減るけど，その減り分ほど，将来の年金は減らないってことでいいですか？」

「そうだね。29頁の**図表1－6**をみてほしい。保険料は給与比例で変動するけど，給付は給与比例と固定に分かれているんだ」

「ほんとだ。図表に書かれている〝給付の固定〟って何ですか？」

「そうそう。その固定がポイントなんだ。日本では，年金保険と健康保険は国の施策として一定の部分が守られている。その対象こそが老後の年金と健康保険なんだよ。老後の年金って，一定額は絶対に必要でしょ。勤務時に払った分だけにしてしまうと，勤務時に十分な給与がもらえなくて社会保険料も十分に

払えなかった人は，年金が少ししかもらえなくなってしまう」

「そうですね。あ，そうか。健康保険もそうですね。健康保険がなければお医者さんにみてもらってもとんでもない医療費になってしまうから…お医者さんにいけなくなる」

「そうなんだよ。その固定部分があるから，日本人は安心できるんだよ。とりあえずは，給与の減額による社会保険料の減額ほどには，将来の年金は減らなくなると覚えておこう。ここまで知っておけばいい」

「はい！」

「ここからは少し，複雑だけど，実際のところ，老後には現役の社会保険料のうち，年金の保険料は払わないけど，健康保険の保険料は支払うことになるよ（被扶養者は除く）」

「あ，それって2割負担とか1割負担とかですか」

「そうだよ。とりあえず話はここまでにしてあとは，下記を読んでみて」

【保険料と給付】

　それでは社会保険の給付と負担の仕組みを具体的にみていきましょう。

　図表1－6の左側の「保険料」と書かれた部分をご覧ください。左側に給与比例とあります。給与比例の上側は年金保険で下側は健康保険です。いずれも会社や従業員が給与に比例して支払うおカネです。

　図表1－6の右側の「給付」をご覧ください。これは従業員が給付を受けることができる，すなわち"もらえる"おカネです。

　健康保険は，本人負担の3割を超える7割相当分など，主に現物給付（医療サービスが給付されること）されるものです。医療費等の支払が必要になった場合に発生する給付ですので，給与比例で健康保険料を支払ったといえども，保険料が必ず戻ってくるということではありません。健康保険のサービスを受けた時にはじめて給付を受けることができ，その結果，自らの支払が保険料の一部だけ（本人負担の3割）で済むことになります。

　支払った医療費の一部は自らで支払いますが，その支払額は無理のないように抑えられています。加入者のほぼ全員が問題なく支払えるように設計されているのです。高額の医療でも，それを必要とする全国民が受けることができる

ということが，図表中の「固定」という言葉の意味合いでもあります。

　図表の年金は給与比例と固定にまたがっていますが，それは年金が厚生年金と国民年金の2つに分解できるためです。サラリーマンは厚生年金保険料を支払うことで，厚生年金に加えて，国民年金からも給付を受けることができます。国民年金は，保険料の納付期間に応じて年金額が計算され，納付期間内に納めた金額の大小とは関係がありません。

　給与が高い場合でも，低い場合でも，それに応じて厚生年金保険料が高くても低くても，老後にもらえる国民年金の年金額は納付期間が同じであれば変わらないのです。一方で，厚生年金のほうは，現役時代の厚生年金保険料の高低に応じて差が出ます。

　ご理解いただきたいのは，健康保険料も厚生年金保険料も給与水準に応じて支払うことです。給与が高いと多く払い，給与が低いとそれなりに支払えばいいのです。

　一方，給付をみてみますと，健康保険のサービスは給与の多寡にかかわらず同等に利用できます。年金保険についても，国民年金は給与の差の有無にかかわらず同等に給付されます。現役時代の給与に比例するのは，厚生年金の年金額だけということになります。

　ここで強調しておきたいこと，また知っていただきたいことは，支払額に比

図表1－6　社会保険の保険料と給付の仕組み

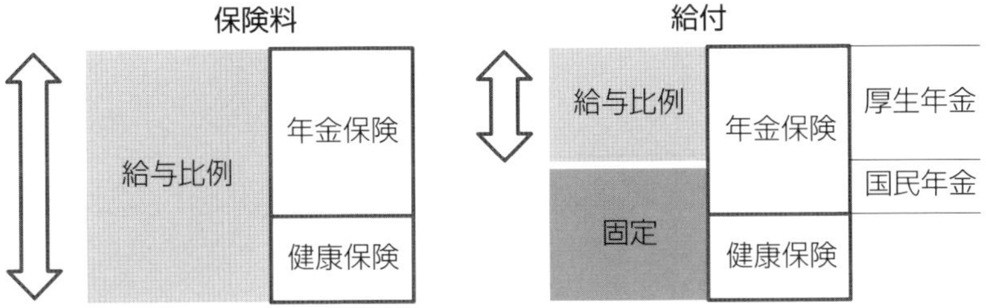

社会保険料の節約
▶保険料は給与比例だが，給付のうち給与比例は一部分
▶したがって，給与を減らした場合，給付も減るが
　　保険料の減額＞給付の減額　　となる

して，受け取るサービスは，そこまで大きな差がつかないようになっているということです。

　これを，別の観点からみれば，「社会保険料を下げても受けるサービスはそこまで下がらない」ということなのです。

(6)　24カ月ルールの損得のまとめ

「ハジメ先輩。24カ月ルールで，会社は2万円＋社会保険料3,000円を得るということに加えて，年金の減り具合もそれほどではないという理解でよいですか？　結果として組替課を作ったメリットはあるということになりますよね」

「整理すると，会社としては，まず給与減額分の2万円が使える。それに伴い，年金保険と健康保険に納めるおカネが3,000円減るから，その分も使える。合計2万3,000円が24カ月ルールによる毎月従業員1人当たりの効果だよ」

「はい。従業員は2万円の損というか…いずれは退職金に戻るのですが…」

「従業員は，まあ，現状は2万円の損にみえるんだけど，実際は"損の中の得"を得ることができるんだよ。24カ月ルールで2万円を組み替えるというのは，例えば30万円の給与を28万円にするということだよね」

「はい。従業員の給与が30万円から28万円になるということ…あ，わかった！給与が減るから従業員の社会保険料も減るんだ。そうか，考えてみたら当たりまえのことですね」

「そのとおり。でも"損の中の得"はわかりにくいよね。給与が30万円から28万円に減ることで，従業員の社会保険料も3,000円だけ抑えられる。ということは，〈給与が2万円減ったこと＝損〉によって，社会保険料の支払が3,000円抑えられたから…差し引きするとどうなるかな？」

「えーと，1万7,000円です。実質1万7,000円が減るってことですね」

「正確には，所得税・住民税が入るからもう少し減るよ。給与が30万円から28万円になることによって，従業員の所得税・住民税が例えば2,600円くらい抑えられるとすれば，合計1万4,400円となる。従業員の目線では2万円の損は1万4,000円ぐらいの損失になるわけだ。これが退職金として2万円戻るわけだから，わりとおいしい話なんじゃないかな。行って来いにしたら，ちょっと

だけおまけが来ちゃうって感じだよ」
「五分五分じゃなくて五分五ちょっと増え分みたいですね」

【おカネの動き】

　おカネの話がたくさん出てきましたので，ここで少し整理をしたいと思います。**図表1－7**は，給与減額時と退職時以降でのおカネの動きについて会社と従業員に分けて書いたものです。

・給与減額時

　まず会社からみていきます。

　給与から退職金に2万円組み替えた場合，すなわち会社は給与を2万円減額することにより社会保険料が3,000円節約できることになります。ここでは会社の利益はないものとして税金はゼロとしています。

　従業員は，給与が2万円減るとともに社会保険料も減ります。給与は2万円が減額されるのですが，それに伴って，社会保険料が3,000円減額されます。すなわち節約となります。

　ここで，所得税・住民税について考えます。給与の減額により，所得税・住民税が少し小さくなります。所得税・住民税の減少分を概算すると2,600円になります。従業員の実質的な収入減は，1万7,000円から2,600円を引いた1万4,400円となります。

　ここまでをまとめると，2万円の給与減額によって，会社は2万3,000円を社内に留保することができます。従業員は手取りが1万4,400円減るということになります。これが2万円の給与を退職金に組み替えたときに起きることです。

・退職時

　次に，退職時（定年退職を想定しています）に何が起きるかをみてみます。24カ月ルールでの約束どおりに，図表の中間部の"退職時以降"の部分には，最初に減額された2万円が退職時に戻っています。トントンであり五分五分であり行って来いです。ただし，ここでみていただきたいのは厚生年金です。

年金の受取額が，社会保険料の減額により（会社3,000円，従業員3,000円の合計6,000円）減っています。保険料が減れば，退職時以降の年金給付額も減少します。2,192円の厚生年金の減少となります。ただし，この2,192円は20年間にわたって受け取ることを前提としての2,192円の減少です。月額の減少分とすれば9.13円とわずかです。

2万円の給与と退職金の組替えでは，退職時には会社は2万円を支払い，従業員は（年金は20年分としています），図表のとおりに1万7,808円を得ることになります。

会社は2万3,000円を組替時に得て，退職時に2万円を払いますから，3,000円の得になります。従業員は1万4,400円の減から退職時以降に1万7,808円を得ますので，3,408円の得になることがわかります。

これらは，2万円を1回退職金に組み替えた場合の金額ですので，24カ月であれば，これらの24倍の金額となります。

計算にはいくつかの前提を置いていますが，「2万円の給与後払い案」が会社と従業員におカネの面で不利になることはなさそうに考えられます。

図表1−7 給与から退職金に2万円を1回組み替えた場合の影響額

（金額は円単位，プラスは利益方向，マイナスは損失方向）

| | 給与減額時 | | | 退職時以降 | | | 計 | |
	会社	従業員		会社	従業員		会社	従業員
給与	20,000	-20,000	退職金	-20,000	20,000			
社会保険料	3,000	3,000	厚生年金		-2,192			
税金	0	2,600*3		0	*2			
計	23,000*1	-14,400		-20,000	17,808		3,000	3,408

*1 会社のキャッシュアウトが減った金額であり，税引後利益とは異なることに留意が必要（会計上は組み替えた退職金にかかる引当金の計上が必要）。
*2 退職金は退職所得控除の範囲内であるものと仮定し，課税されないものとした。
*3 法人税は利益が出ていない前提でかからないものとした。従業員にかかる所得税・住民税は一定の前提を置いて概算した。

図表 1 － 8　給与から退職金に 2 万円を24カ月組み替えた場合の影響額

（金額は円単位，プラスは利益方向，マイナスは損失方向）

	給与減額時			退職時以降			計	
	会社	従業員		会社	従業員		会社	従業員
給与	480,000	-480,000	退職金	-480,000	480,000			
社会保険料	72,000	72,000	厚生年金		-52,618[4]			
税金	0	62,400[3]		0	[2]			
計	552,000[1]	-345,600		-480,000	427,382		72,000	81,782

＊ 1　会社のキャッシュアウトが減った金額であり，税引後利益とは異なることに留意が必要（会計上は組み替えた退職金にかかる引当金の計上が必要）。

＊ 2　退職金は退職所得控除の範囲内であるものと仮定し，課税されないものとした。

＊ 3　法人税は利益が出ていない前提でかからないものとした。従業員にかかる所得税・住民税は一定の前提を置いて概算した。

＊ 4　端数の関係で，図表 1 － 7 の24倍とは一致しない。

第2章

社会保険料を減らして退職金を増やす
組替えのバリエーション

前提条件は流動的 »

「ハジメ先輩。第1章では"24カ月ルール"という，1つの期間を前提として話を進めましたよね」

「そうだよ。それに加えて給与を"2万"円減額し，その2万円を退職金に組み替えるということも前提としているよ」

「そうですね。社長が気にする社会保険料や税金についても話しました。でもそれってあくまでも"24カ月ルール"を前提にしているではないですか」

「何となく言いたいことがわかったよ。要するに"24カ月"といった前提条件を含めて，給与から退職金に組み替えるにあたり，具体的な設計方法について知りたいってこと？」

「さすが，わかってくれてますね。会社の規模とか状況によって，組替えの期間が24カ月でいいかどうかはわかりませんよね。12カ月で済む場合もあれば，36カ月とか，あるいは10年とか…。だって，いつになったら会社がもとに戻るかわからないですからね」

「そうだね，時間軸は大切だよね。それに金額の変動も考えなきゃいけないよ」

「そうか…そうですね。組替えの金額が2万円という枠にとどまらず，1万円や3万円といった形で上下動する場合もありますね。社長がおカネがまだまだ足りないって思えば5万円の組替えだってありますよね」

「ナオさんのいうとおりだ。金額軸（2万円を増

減）と時間軸（24カ月を増減）について考えてみようよ。その結果によっては社長の考え方も変わるだろうからね。また組替課の仕事が増えたけど，頑張れる？」

「もちろんです。頑張ります‼」

(1)　会社メリットの金額と期間

【会社メリット】

24カ月ルールに基づく2万円24カ月の組替えを例として，第1章では話を進めてきました。第2章ではより現実的に考えてみましょう。会社ごとに考え方や対応方法は異なるはずです。2万円では会社の現状に鑑みると十分ではないので，3万円は必要という会社もあるでしょう。それでも足りないから5万円ということがあっても不思議ではありません。

一方，会社における従業員の数によっても変化はあるでしょう。従業員数が10人であるならば2万円の組替えでは給与分の20万円に社会保険料の減額部分（1人当たり会社の支払3,000円）で23万円が，会社で使えるようになります。従業員が，これまでの事例で書いた"ナオさん"の会社みたいに100人だったら，あるいは1,000人だったら，1万人だったらといった仮定によって対応はまったく異なることになり得ます。

このような，金額あるいは従業員数の違いによって，会社が得ることができるメリットを，会社メリットと呼ぶこととします。

会社メリットは，社長の目線でみた場合の"会社に残る自由に使えるおカネ"すなわちFCF（フリー・キャッシュ・フロー）でもあります。

会社メリット＝組替額（2万円）＋社会保険料の減額分（3,000円）

会社メリットのFCFは，従業員数によっても変化します。従業員が1,000人なら，1万人ならと考えれば，けた違いのFCFとなり，会社メリットも激変するでしょう。

会社メリットはわかりやすいですが，次に従業員の目線でみてみましょう。

月額給与 2 万円の減額ということではありますが，月額給与20万円の会社に対するものなのか，月額給与が50万円の会社に対するものなのか，さらには月額給与が200万円の会社なのかで，従業員の反応はまったく異なります。

　このような会社メリットの FCF の流れについて，従業員の反応を含めて組替えが起きた場合のスケール感を示してみることにします。

【給与30万円からの組替え】

　図表 2 － 1 では現状の給与が30万円として組替額を 2 万円から変化させた場合（図表横軸の左の始点から右側に進む状態）の会社 FCF の水準を示しています。横軸は，従業員 1 人当たりの『組替額』です。 2 万円の組替えから10万円の組替えまでを表示しています。縦軸は『会社の FCF』です。従業員100人の会社が得ることができる金銭的なメリットが示されています。

　組替額が右に進むということは，組替額が増え，つまり会社に残る金額が 1 万円， 2 万円と大きくなることを示しています。ここで会社に残る金額が増えるというのは，増えた分だけ会社が支払うべき将来の退職金が増えているということです。

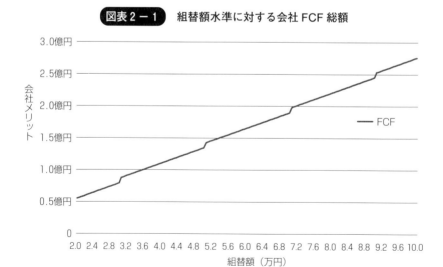

図表 2 － 1　組替額水準に対する会社 FCF 総額

　いうまでもありませんが，その分だけ従業員の給与が減り，退職金に組み替わっているということでもあります。

　図表2－1は2万円の減額が24カ月にわたった場合の，24カ月分をまとめた会社のFCF（斜め上に伸びる線）が記されています。

　図表2－1を具体的にかつ詳細にみていきましょう。組替額が2万円，3万円と増えていくにつれて会社のFCFが増えます。つまり会社メリットが増えていきます。給与の組替額を2万円とする場合では2万3,000円×24カ月＝約55万円が従業員1人分のFCFとして会社に残り，従業員100人の場合は，約5,500万円が会社のFCFとなります。

　組替額が仮に，これまで記してきた2万円の2倍の4万円（組替後の給与は30万円から26万円になる）の場合は，4万6,000円（会社の社会保険料の減額分6,000円）×24＝約110万円が1人分のFCFで，従業員100人の場合は約1億1,000万円が会社のFCFになることを示しています。

　図表2－2は，会社のFCFのうち，組替えによる分として組替額総額（1人当たり組替額×従業員数）を点線で示しています。組替額の水準に応じて組替額総額が直線的に増え，それに応じてFCFも増えていくことがわかります。

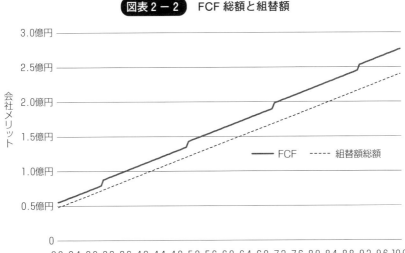

図表2－2　FCF総額と組替額

【FCFにみる社会保険料の効果】

　図表2-3の点線は，会社が支払うこととなっていた社会保険料が減額した分を示しています（社会保険料は会社分の料率を15%と仮定して計算しています）。

　会社が支払う給与額に応じて，会社は社会保険料を支払うことになります。そのため，給与額が減ると社会保険料も減りますので，会社FCFの増加として現れます。図表の点線にみられるように，社会保険料の支払は，給与の減額に応じて段階的に，その減り方が増すことがわかります。すなわち会社が支払わずに済む社会保険料が大きくなっていくことがわかります。

　社会保険料の減額分が直線とならないのは，社会保険料を計算する際の標準報酬月額が階段状に設定されているためです。

　社会保険料といえば，給与に応じて増減するものではあるのですが，給与の変化に伴う標準報酬月額に応じているものであるという点が**図表2-3**に現れています。給与額の変動に比較すると小さくみえますが，先述のように15%が社会保険料ですから，会社の営業努力なしに15%というプラスがあると考える

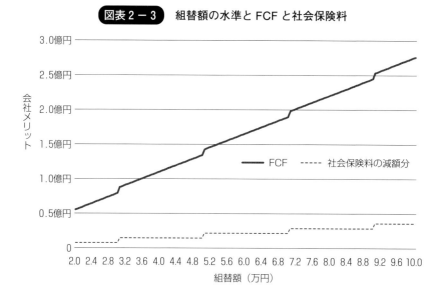

図表2-3　組替額の水準とFCFと社会保険料

のが妥当だと思います。

【実施期間】
　図表2－4は，従業員が100名の会社において，30万円であった月給を，組替後には月給28万円として，会社に1人当たり月2万3,000円のFCFが生じることがずっと続いた場合を示しています。「24カ月ルール」を一度忘れて24カ月にとどまらず，36カ月，48カ月と続いていく状況を考えてみます。
　24カ月後も組替えをずっと続けた場合にはFCFがさらに増えていき，10年後には総額2億7,000万円を超える額を会社は使えることとなります。
　しつこいようですが，これは退職金として計算すると2億4,000万円（100人分）程度の会社負担が増加するということと同義ですのでご留意ください。
　会社分の社会保険料については，時間の持続とともに減額効果が高まっていることが図表の点線でわかります。

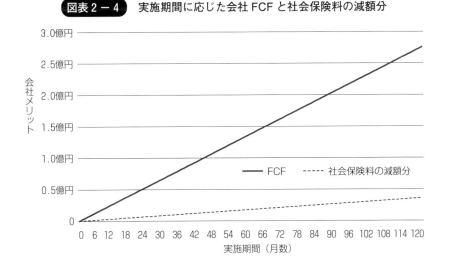

図表2－4　実施期間に応じた会社FCFと社会保険料の減額分

　これまでの図表で，給与を減らして退職金に組み替える金額が多くなればなるほど，あるいは期間を長くすればするほど，会社メリットが増えることがわかります。

（2）　退職金水準に応じた従業員メリットの変化

「ハジメ先輩。会社のメリットが FCF にあることはわかってきました。給与の組替えによるメリットは，それなりに大きいけれど，その分が退職金として増えるから，会社とか社長の目線からみれば将来のことを考えると退職金の確保が必須になるということですよね。社長からすると将来に向けて頑張らないといけないですね。社長は大変だ！」

「社長は大変な責任を負うことになるよ。でも，その責任を負うことができるから社長なんだよ。社長はすごいよ…同じことは人事部長ではできないだろ」

「あの人，そういう器じゃないですよね。部長だから管理職として物事を考えなきゃいけないのに『おれは従業員だ。君たちの仲間だ』っていばっていて…」

「まったくねえ。管理職の役割がわかってないよね。単なる従業員ではないはずなのにさ…。そうだ，従業員で思い浮かんだのだけど，これまでは会社メリットの FCF を話してきたよね。次に，従業員のメリットについて考えてみようよ」

「従業員メリットっていわれても。最初にデメリットとして給与の減額があって，それから，退職金でデメリット分を打ち消すってことですよね。従業員にはメリットはないのではないですか？」

「そうだね。しいていえば会社の存続が従業員のメリットとはいえるけどね」

「んー。ただ，金銭面でみたときは給与の減額を退職金の増額にするだけだから“トントン”だし“五分五分”だし“行って来い”ですよね。従業員のメリットってあるのですか？」

「社会保険があるよね」

「そうか。そうですね，社会保険料は安くなるけど，年金が減る。でもその減り具合はそこまで大きくはないということでしたね」

「そのとおりだよ。そこで，今日は，人事部組替課として“ぜいきん”について考えてみようよ」

「ぞうきん？　雑巾ですか？」

「そう，1人1枚雑巾を配って，身の回りの掃除をやってもらえば，清掃料が大幅に減額できるからFCFが…。って，ちがうよ。ボケてる場合じゃないよ。そもそも僕はツッコミが下手なんだよ。雑巾じゃなくて税金だよ」
「あら，お後がよろしいようで」

【従業員メリット】

　次に従業員メリットに目を向けてみます。このメリットにはどのような特徴があるでしょうか。まず，第1章でお示しした「**図表1－8　給与から退職金に2万円を24カ月組み替えた場合の影響額**」を以下に再度，記しました。

　第1章では，**図表1－7**で24カ月ルールを"1カ月"実施した場合を記し，**図表1－8**で24カ月間連続した効果を記していました。ここでは**図表1－8**を使いながら，話を進めます。

　図表2－5は図表1－8を第2章に"組み替えた"ものですから，要するに同じものです。24カ月連続の給与減額時と退職時以降の差が従業員1人当たりの会社メリット7万2,000円，従業員メリットは約8万円となっていることがわかります。

図表2－5 給与から退職金に2万円を24カ月組み替えた場合の影響額

（金額は円単位，プラスは利益方向，マイナスは損失方向）

	給与減額時			退職時以降			計	
	会社	従業員		会社	従業員		会社	従業員
給与	480,000	-480,000	退職金	-480,000	480,000			
社会保険料	72,000	72,000	厚生年金		-52,618			
税金	0	62,400*3		0	*2			
計	552,000*1	-345,600		-480,000	427,382		72,000	81,782

＊1　会社のキャッシュアウトが減った金額であり，税引後利益とは異なることに留意が必要（会計上は組み替えた退職金にかかる引当金の計上が必要）。
＊2　退職金は退職所得控除の範囲内であるものと仮定し，課税されないものとした。
＊3　法人税は利益が出ていない前提でかからないものとした。従業員にかかる所得税・住民税は一定の前提を置いて概算した。

　給与を退職金に組み替えるということは，いわゆる"行って来い"なので五分五分ということではありますが，**図表２－５**のように，社会保険料，税金等をまとめてみると，従業員メリットは総額でおよそ８万円となります。

　図表２－６をご覧ください。現状の退職金額の水準に対する従業員メリットの金額を示しています。ここでは，従業員メリットですので，従業員１人当たりの金額としています。

図表２－６　現状退職金水準に対する従業員メリット（退職時勤務年数40年の場合）

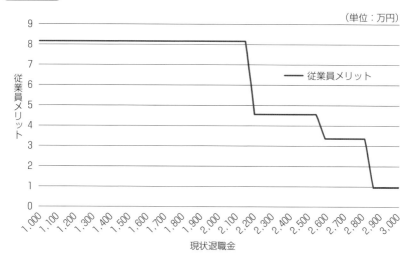

　給与は30万円から28万円に減額します。この時の組替金額を２万円とし，実施月数は24カ月としています。24カ月ルールと同じです。

　現状の退職金が2,200万円以下の場合には，従業員メリットは約８万円ですが，それ以上になってくると従業員メリットは減少します。ここでは一般的な勤続年数として40年を仮置きしています。勤続40年の場合，退職所得控除額が2,200万円となり，その金額までは非課税なのですが，それを超えると課税されてきます。

従業員メリットは次の式で計算しています。

$$\begin{array}{c}\text{従業員}\\\text{メリット}\end{array} = \begin{array}{c}\text{社会保険料}\\\text{の減額分}\end{array} - \begin{array}{c}\text{年金の}\\\text{減少分}\end{array} + \begin{array}{c}\text{所得税の減額分}\\\text{（給与減額時）}\end{array} - \begin{array}{c}\text{所得税の増額分}\\\text{（退職時）}\end{array}$$

　従業員メリットの式に給与と退職金の組替えについては記していませんが，これは相殺して0になるためです。

　第1章での従業員メリットには所得税の増額分（退職時）は含めておりませんでした。退職金が退職所得控除額を上回らないものとしていたためです。退職所得控除額とは，「退職に伴い労働者の行動に変容が起きるので，金銭に対する必要性が増す。その状態においては一定の限度額までは税金を控除する」ということだろうと考えればわかりやすいです。

　一方で，退職金の金額によっては実際に税がかかる場合があります。ここでは，退職金額の上限を設定することなく，実際的に考えるために，所得税の増額分を含めています。

　図表2－7をご覧ください。こちらは，退職までにどれだけの勤務期間があるかに注目しています。勤務年数（期間）によって退職金にかかる退職所得控除額に違いが出るのです。退職金水準を2,000万円と固定し，退職時勤務年数に応じて従業員メリットがどのように変化するのかを示しています。組替額や実施月数は図表2－5と同じとしています。

　退職金額が同じ2,000万円であっても，勤務年数に応じて退職所得控除の金額が異なるため従業員メリットが変わります。

　退職金額が退職所得控除額を上回る場合は所得税が発生するため，従業員メリットが減少することになります。退職所得控除額は勤務年数に応じて計算されるため，勤務年数が短いにもかかわらず比較的高い退職金をもらう場合に課税される可能性が高くなっています。そのような場合は，組替えによる従業員メリットがさほど期待できない可能性に留意が必要です。

44

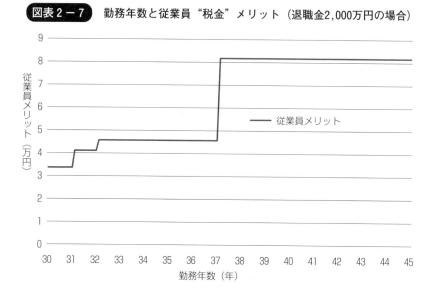

図表2-7　勤務年数と従業員"税金"メリット（退職金2,000万円の場合）

（縦軸）従業員メリット（万円）
（横軸）勤務年数（年）

凡例：―― 従業員メリット

(3)　給与水準に応じた従業員メリットの変化

「ハジメ先輩。勤務年数によって退職所得控除に影響があることはわかってきました。税金の影響ってそれなりにあるのですね。表に明確にみえる給与額の変化に注目してしまいますが…」

「うん，退職所得控除額はそれなりに影響するから忘れるわけにはいかないよ。箱根駅伝の"その1秒をけずりだせ"（東洋大学のスローガン）じゃないけど，僕たち組替部は，「その1円を探り出せ」てな感じで，どんなに小さな金額でもどんどん探り出して会社と従業員のメリットにしないといけないんだよ」

「はい，1円を探り出しましょう‼　退職所得控除以外に何かありますか？」

「それが，ナオさんの仕事だよ！　考えてみよう。何だと思う」

「うーん…うーん…」

「ナオさん，僕，人事部長，社長…従業員の全員が違うものってなーんだ？」

「ええ⁉　年齢とか，かっこよさとかですか？」

「あはは。そうではなくて毎月もらうアレだよ」

「あ，給与ですね。そうか。給与額の違いと従業員メリットですね」
「そうだよ！」

【従業員メリット】

　現実的に考えれば，会社の従業員の給与は人それぞれ違うことが多いです。勤務年数，業務内容，責任の有無等々によって異なります。ここでは給与水準が従業員メリットに与える影響をみていきたいと思います（**図表2－8**）。

　給与水準以外の前提は，24カ月ルールと同様です。詳細は，**図表2－9**をご参照ください。

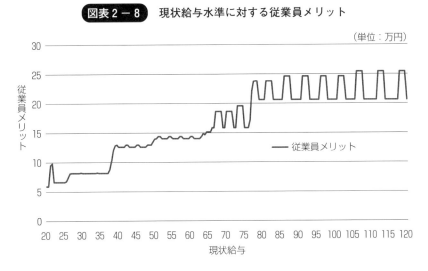

図表2－8　現状給与水準に対する従業員メリット

（単位：万円）

　組替えが仮に従業員全員に対して同一の"2万円"とした場合であっても，従業員それぞれの現状の給与水準によって従業員メリットが異なりますので，その異なり具合を示しています。

　図表2－8でギザギザになる部分は，標準報酬月額が階段状に決められていることによるものです。また，仮に給与が増えたり減ったりした場合でも，給与の変更額によっては，変更前との給与月額の差によって，標準報酬月額が変わる人と変わらない人が出てくるためです。これについては次の章で解説しま

46

す。

　大まかには，給与水準が高くなるにつれ，従業員メリットは増える方向にあります。これは給与の増加により所得税率が上がり，その分節税効果が働くためです。

　給与から退職金への組替えが従業員に与える影響は，退職金水準や給与水準によって違うことを理解しておく必要があります。会社ごとに退職金の水準や給与水準は異なりますので，自社の状況を把握してください。

　念のためですが，今から退職金であれ，給与であれ，その水準を変化させるには従業員の同意等が必要となりますので，ご留意ください。

　ここまでの図表について，以下にまとめました。

図表2−9 ここまでの図表のまとめ

数字を変化させた項目		組替額	実施期間	退職金額	勤務年数	月給水準
第1章での前提		2万円	24カ月	1,000万円	40年	30万円
(1) 金額と期間	（金額）図表2−1 図表2−2 図表2−3	2〜10万円	24カ月	1,000万円	40年	30万円
	（期間）図表2−4	2万円	0〜10年	1,000万円	40年	30万円
(2) 退職金額	（退職金）図表2−6	2万円	24カ月	1,000万円〜3,000万円	40年	30万円
	（勤務年数）図表2−7	2万円	24カ月	2,000万円	30〜45年	30万円
(3) 給与水準	（給与水準）図表2−8	2万円	24カ月	1,000万円	40年	20〜120万円

（第2章のシミュレーションの前提事項）

• 会社の従業員数は100人としました。

• 会社の法人税は見込んでいません。

• 年収は給与の16カ月分としました。

• 社会保険料は従業員分の料率を15%として計算しました。

• 従業員の所得税の計算では，2020年の税率等を使用し，給与所得控除，基礎控除，社会保険料控除のみを考慮しました。なお，住民税については，課税所得金額×10%としました。

• 厚生年金の受取期間を20年として，組替えによる厚生年金の受取額の減少額を試算しました。

第3章

減らし方と増やし方
組替設計の具体案

全米は泣かないマトリクス

「ナオさん。そろそろ，マトリクスを作ろう」

「ほんとですか！　やったあ。私，キアヌ・リーブスが大好きなんです。でも給与と退職金の組替えでマトリクスって，どんな感じのアクションなんだろ？」

「ぜ，全米が泣いた……」

「……」

「い，いや，マトリクスは映画じゃなくて，統計学の"行列"のことだよ」

「？」

「統計学のマトリクス，つまり行列にはたくさんの枠があるんだ」

「行列とか枠って，ちんぷんかんぷんなんですけど…」

「例えば，うちの社員100人の年齢と体重の関係をみたい場合には，社長や人事部長など100名の身長を1.5mから5㎝刻みに2mまで縦軸に置いていく」

「1.5m～1.55m，1.55m～1.6m，1.6m～1.65m…2mまで10個ありますね」

「そうだよ。今度は横軸に50キロから55キロ，55キロから60キロ…100キロまでやはり10個作る。これが枠なんだよ」

「体重が50キロから100キロまで10個，身長1.5mから2mまで10個…」

「身長も10個，体重も10個だから枠は100個だ。この枠に従業員100人をあてはめると，誰がどの枠にいて，その数がどうなっているかがわかるんだよ」

「とりあえず従業員がどこに属するかを入れていこう。社長は1m73㎝だから，縦軸の1m70㎝～1m75㎝の枠内に入って，体重が72キロだから，横軸の70キロ～75キロに入る。人事部長は身長1m56㎝で体重が89キロになる」

図表 3 - 1　身長・体重マトリクス

体重＼身長	50kg以上 55kg未満	55kg以上 60kg未満	60kg以上 65kg未満	65kg以上 70kg未満	70kg以上 75kg未満	75kg以上 80kg未満	80kg以上 85kg未満	85kg以上 90kg未満	90kg以上 95kg未満	95kg以上 100kg未満
1.5m以上 1.55m未満	2	1								
1.55m以上 1.6m未満	3	2	6	1				1		
1.6m以上 1.65m未満		4	6	7	8	5	2			
1.65m以上 1.7m未満			7	3	3	4	3			
1.7m以上 1.75m未満			2	6	5	6	3			
1.75m以上 1.8m未満					2	3	1			
1.8m以上 1.85m未満					1				1	
1.85m以上 1.9m未満							1			
1.9m以上 1.95m未満										
1.95m以上 2.0m未満										1

「これ，珍しくないですか？」

「人事部長は柔道の選手だったんだよ。しかも無差別級にも出るほど筋肉鍛えてたから体重もすごいんだよ。いずれにしろ，こうして100人の状況がマトリクスとして現れる。身長と体重が一定の範囲の人は同じ枠内に入るんだよ。こうするとわかりやすいでしょ」

「なるほど。これがわが社の従業員の『身長・体重マトリクス』というわけですね。確かに全体の状況を把握できますね。社長は男性としては理想的な感じかな。やっぱり人事部長はマトリクスというか，映画のマトリクスの中の"超人"ですね」

「僕とナオさんとでわが社の従業員の年齢構成，勤続年数，給与水準で…あ，定額法や定率法も含めてマトリクスを作ろう。現状が理解できるからね」

「はい！　頑張ります（ん，定額法？　定率法？　ま，いっか…）」

（1）　マトリクスのイメージと活用例

　ここからは，より現実に近づけていこうと思います。

　会社として従業員全体の状況をとらえるには，従業員のマトリクスが必要です。年齢と勤続期間のマトリクス，年齢と月額給与のマトリクス，年齢と給与総額のマトリクスが実際には必要です。イメージとして**図表3－2**をご覧ください。

　図表3－2の上段は年齢と勤続期間に基づく従業員数のマトリクスです。個々の従業員の年齢別と勤続年数別の従業員の数がわかるようになっています。5年未満から5年ごとにそれぞれ11人という同等の従業員数を想定しています。例えば最初の5年未満には20歳未満が3人，20歳以上25歳未満が5人，25歳以上30歳未満が2人，30歳以上35歳未満が1人としています。合計11人です。

　これが，右にずれるに従って，勤続年数が5年以上，10年以上といった形で増えていきます。勤続30年までは11人のまま推移しますが，勤続年数が35年以上から45年以上にかけて従業員の人数が減っていきます。これは定年により従業員が退職したことを想定しています。

　図表3－2の中段は年齢別と勤続年数別の従業員の月額給与を示しています。終身雇用制の企業にみられるような形で，年齢と勤続年数に応じて月額給与が変動しています。

　図表3－2の下段は会社として従業員全員に支払う，月額の総給与を表しています。いわば，会社の社長の目線です。毎月，会社として総額の給与はどうなっているのかということがわかります。勤続30年以上35年未満，35年以上40年未満といった層に対する会社としての支払額が大きいことがわかります。

　あくまでも，これは例としてマトリクスを作ったにすぎません。実際に作成する際には，勤務先の状況に照らし合わせて考えていただければと思います。

　なお，5年ごとの従業員数が11人である点，その11人のうち20歳未満が3人，20歳以上25歳未満が5人等という数値に特段の意味はありません。一般的に，中卒，高卒，大卒が多く，大学院卒もあり，かつ転職者もいるであろうということで考えた11人です。

　本書では，生涯にわたりこの会社に居続けることを想定しています。それがゆえに，勤続が30年以上35年未満までは11人という数に変化はありませんが，勤続35年以上40年未満よりも上になれば人数は退職とともに減っていきます。

図表3－2　マトリクスイメージ

従業員数　勤続

	5年未満	5年以上10年未満	10年以上15年未満	15年以上20年未満	20年以上25年未満	25年以上30年未満	30年以上35年未満	35年以上40年未満	40年以上45年未満	45年以上	計
20歳未満	3										3
20歳以上25歳未満	5	3									8
25歳以上30歳未満	2	5	3								10
30歳以上35歳未満	1	2	5	3							11
35歳以上40歳未満		1	2	5	3						11
40歳以上45歳未満			1	2	5	3					11
45歳以上50歳未満				1	2	5	3				11
50歳以上55歳未満					1	2	5	3			11
55歳以上60歳未満						1	2	5	3		11
60歳以上							1	2	5	3	11
計	11	11	11	11	11	11	11	10	8	3	98

1人当たり給与（月額）　勤続

	5年未満	5年以上10年未満	10年以上15年未満	15年以上20年未満	20年以上25年未満	25年以上30年未満	30年以上35年未満	35年以上40年未満	40年以上45年未満	45年以上
20歳未満	180,000									
20歳以上25歳未満	200,000	230,000								
25歳以上30歳未満	250,000	250,000	280,000							
30歳以上35歳未満	300,000	300,000	300,000	330,000						
35歳以上40歳未満		350,000	350,000	350,000	380,000					
40歳以上45歳未満			400,000	400,000	400,000	430,000				
45歳以上50歳未満				450,000	450,000	450,000	480,000			
50歳以上55歳未満					500,000	500,000	500,000	530,000		
55歳以上60歳未満						550,000	550,000	550,000	580,000	
60歳以上							600,000	600,000	600,000	630,000

給与総額（月額）　勤続

	5年未満	5年以上10年未満	10年以上15年未満	15年以上20年未満	20年以上25年未満	25年以上30年未満	30年以上35年未満	35年以上40年未満	40年以上45年未満	45年以上	計
20歳未満	540,000										540,000
20歳以上25歳未満	1,000,000	690,000									1,690,000
25歳以上30歳未満	500,000	1,250,000	840,000								2,590,000
30歳以上35歳未満	300,000	600,000	1,500,000	990,000							3,390,000
35歳以上40歳未満		350,000	700,000	1,750,000	1,140,000						3,940,000
40歳以上45歳未満			400,000	800,000	2,000,000	1,290,000					4,490,000
45歳以上50歳未満				450,000	900,000	2,250,000	1,440,000				5,040,000
50歳以上55歳未満					500,000	1,000,000	2,500,000	1,590,000			5,590,000
55歳以上60歳未満						550,000	1,100,000	2,750,000	1,740,000		6,140,000
60歳以上							600,000	1,200,000	3,000,000	1,890,000	6,690,000
計	2,340,000	2,890,000	3,440,000	3,990,000	4,540,000	5,090,000	5,640,000	5,540,000	4,740,000	1,890,000	40,100,000

(2) 状況に応じた設計例（給与の一定率）

　従業員ごとに給与水準が大きく異なる場合は，組替額が一律の金額だと従業員によって負担感に大きな差が生まれます。給与が20万円の場合であれば，2万円が給与に占める割合は10％にもなりますが，60万円であれば3％程度の影響にとどまります。**図表3−3**は，**図表3−2**の給与の場合を例にとり，2万円の占める割合を計算したものです。

　毎月の給与に対して2万円という固定の組替額が，給与が低い人，中間の人，高い人に対してどのような影響を与えるかを試算したものです。

図表3−3　2万円が給与に占める割合

2万円の占める割合

	5年未満	5年以上 10年未満	10年以上 15年未満	15年以上 20年未満	20年以上 25年未満	25年以上 30年未満	30年以上 35年未満	35年以上 40年未満	40年以上 45年未満	45年以上
20歳未満	11%									
20歳以上 25歳未満	10%	9%								
25歳以上 30歳未満	8%	8%	7%							
30歳以上 35歳未満	7%	7%	7%	6%						
35歳以上 40歳未満		6%	6%	6%	5%					
40歳以上 45歳未満			5%	5%	5%	5%				
45歳以上 50歳未満				4%	4%	4%	4%			
50歳以上 55歳未満					4%	4%	4%	4%		
55歳以上 60歳未満						4%	4%	4%	3%	
60歳以上							3%	3%	3%	3%

　図表3−3にみられるように，2万円という金額が月額給与の何％を占めるのかについて相応の差がみられます。年齢が若く月額給与が低めであれば2万円という額が10％程度を占めますが，年齢と勤続年数とともに2万円の比率は低くなります。負担感が従業員によって異なってしまうのです。

　従業員ごとの負担感の差を少なくする場合は，一律金額（2万円等）とせずに給与の一定率を組替額とすることが考えられるでしょう。給与額が少ないのなら低い額（例えば1万円等）に，給与が中間なら2万円程度，給与が高ければ3万円程度（**図表3−4**参照）にするといった考え方です。

　ここからは，この比率を用いることも考えようと思います。

　2万円といった一律金額による方法を**定額法**と呼びます。そして給与の大小に応じて差が出ないようにする，つまり一定率を用いる方法を**定率法**と呼ぶこととします。

図表3－4　給与の5％を組替額とした場合のイメージ

給与の5％の額

	5年未満	5年以上10年未満	10年以上15年未満	15年以上20年未満	20年以上25年未満	25年以上30年未満	30年以上35年未満	35年以上40年未満	40年以上45年未満	45年以上
20歳未満	9,000									
20歳以上25歳未満	10,000	11,500								
25歳以上30歳未満	12,500	12,500	14,000							
30歳以上35歳未満	15,000	15,000	15,000	16,500						
35歳以上40歳未満		17,500	17,500	17,500	19,000					
40歳以上45歳未満			20,000	20,000	20,000	21,500				
45歳以上50歳未満				22,500	22,500	22,500	24,000			
50歳以上55歳未満					25,000	25,000	25,000	26,500		
55歳以上60歳未満						27,500	27,500	27,500	29,000	
60歳以上							30,000	30,000	30,000	31,500

　定率法は従業員の負担感の差を減少させる有効な方法と考えられますが，退職金への組替額が従業員ごとに異なることに加えて，**図表3－5**のように組替前の給与に比べて組替後の給与が細かくなることにより給与や退職金の管理，計算事務が煩雑になることに留意が必要です。

　管理や組替効果のシミュレーションの容易さを考えれば，定率法よりも定額法のほうが実務向きではあります。しかしながら，現実問題としては従業員ごとに（この事例では勤務期間に応じて）給与が違います。それにもかかわらず一定額を組み替えることとすると，勤続年数の短い"若手"にとっては負担感が大きく，不満がつのることと思います。

　できるだけ従業員の反発感情を抑え円滑な組替実施を優先する点では，定率法の検討には価値があると思います。

図表3－5 組替後の給与

組替後の給与

	5年未満	5年以上10年未満	10年以上15年未満	15年以上20年未満	20年以上25年未満	25年以上30年未満	30年以上35年未満	35年以上40年未満	40年以上45年未満	45年以上
20歳未満	171,000									
20歳以上25歳未満	190,000	218,500								
25歳以上30歳未満	237,500	237,500	266,000							
30歳以上35歳未満	285,000	285,000	285,000	313,500						
35歳以上40歳未満		332,500	332,500	332,500	361,000					
40歳以上45歳未満			380,000	380,000	380,000	408,500				
45歳以上50歳未満				427,500	427,500	427,500	456,000			
50歳以上55歳未満					475,000	475,000	475,000	503,500		
55歳以上60歳未満						522,500	522,500	522,500	551,000	
60歳以上							570,000	570,000	570,000	598,500

(3) 定率法を採用する場合の検討事項

定率法について具体的に検討してみましょう。定率法にする場合，何％とするかが重要な検討事項となります。まずは会社の必要金額すなわち"今，会社が欲している総額"を設定し，従業員数で逆算することで，1人当たりの従業員について何％を組み替える必要があるのかがわかります。例として**図表3－2**の状況で考えてみます。従業員98人で月額給与総額4,010万円です。

会社が今，必要としている金額が月に200万円であれば，200万円を4,010万円で割ると約5％となります。5％はキリがよく，従業員への説明や管理も比較的簡便かと思いますので，ここでは一旦5％と仮置きして話を進めます。

組替率（仮置き） ＝ 必要金額（1月当たり） ÷ 月額給与総額

本書のそもそもの目的は，給与の組替えプラス社会保険料の減額による会社の負担の軽減でした。それでは社会保険料について考えましょう。

定率法で組み替えた場合に社会保険料がどのようになるのかを知っておくことは，会社メリットの把握に加え，従業員への説明においても必要となります。

組替えによる社会保険料への影響をみていきます。まずは，組替前後の標準報酬月額と変化額をみてみましょう（**図表3－6**）。

図表 3 − 6　組替えによる標準報酬月額の変化

組替前の標準報酬月額

	5年未満	5年以上10年未満	10年以上15年未満	15年以上20年未満	20年以上25年未満	25年以上30年未満	30年以上35年未満	35年以上40年未満	40年以上45年未満	45年以上
20歳未満	180,000									
20歳以上25歳未満	200,000	240,000								
25歳以上30歳未満	260,000	260,000	280,000							
30歳以上35歳未満	300,000	300,000	300,000	340,000						
35歳以上40歳未満		360,000	360,000	360,000	380,000					
40歳以上45歳未満			410,000	410,000	410,000	440,000				
45歳以上50歳未満				440,000	440,000	440,000	470,000			
50歳以上55歳未満					500,000	500,000	500,000	530,000		
55歳以上60歳未満						560,000	560,000	560,000	590,000	
60歳以上							590,000	590,000	590,000	620,000

組替後の標準報酬月額

	5年未満	5年以上10年未満	10年以上15年未満	15年以上20年未満	20年以上25年未満	25年以上30年未満	30年以上35年未満	35年以上40年未満	40年以上45年未満	45年以上
20歳未満	170,000									
20歳以上25歳未満	190,000	220,000								
25歳以上30歳未満	240,000	240,000	260,000							
30歳以上35歳未満	280,000	280,000	280,000	320,000						
35歳以上40歳未満		340,000	340,000	340,000	360,000					
40歳以上45歳未満			380,000	380,000	380,000	410,000				
45歳以上50歳未満				440,000	440,000	440,000	470,000			
50歳以上55歳未満					470,000	470,000	470,000	500,000		
55歳以上60歳未満						530,000	530,000	530,000	560,000	
60歳以上							560,000	560,000	560,000	590,000

組替による標準報酬月額の変化

	5年未満	5年以上10年未満	10年以上15年未満	15年以上20年未満	20年以上25年未満	25年以上30年未満	30年以上35年未満	35年以上40年未満	40年以上45年未満	45年以上
20歳未満	-10,000									
20歳以上25歳未満	-10,000	-20,000								
25歳以上30歳未満	-20,000	-20,000	-20,000							
30歳以上35歳未満	-20,000	-20,000	-20,000	-20,000						
35歳以上40歳未満		-20,000	-20,000	-20,000	-20,000					
40歳以上45歳未満			-30,000	-30,000	-30,000	-30,000				
45歳以上50歳未満				0	0	0	0			
50歳以上55歳未満					-30,000	-30,000	-30,000	-30,000		
55歳以上60歳未満						-30,000	-30,000	-30,000	-30,000	
60歳以上							-30,000	-30,000	-30,000	-30,000

　図表3−6は，前節(2)の5％組替えの場合の標準報酬月額について，組替前，組替後とその変化をみたものです。5％の組替えにより標準報酬月額もおおむね減少していますが，変化額が0の箇所もみられます。

　具体的にみてみましょう。45歳以上50歳未満，15年以上20年未満では，標準報酬月額が組替前後で44万円と同額となっています。標準報酬月額とする前の給与では，組替前が45万円，組替後が42万7,500円で，組替額は2万2,500円です。組替額は2万円を超えていますが，このあたりの月額給与の水準の場合，標準報酬月額の等級は41万円，44万円，47万円と3万円刻みとなっており，組替前の45万円も組替後の42万7,500円も同じ44万円の等級に区分されます。

　少し数値的には細かくなりますが，5％という想定を例えば5.6％とすることにより全員の標準報酬月額の等級が変わります（**図表3−7**）。

　定率法の場合，5％などのキリのよい数字が会社，従業員ともにわかりやすいところですが，細かい点に気を配りながら設計することも必要です。会社メリットはもちろん，従業員の受け止め方を向上させることができる場合がありますので，設計段階ではさまざまな角度から検討を行うことが大切です。

図表3−7　給与の5.6％を組替額とした場合の標準報酬月額の変化

組替による標準報酬月額の変化

	5年未満	5年以上10年未満	10年以上15年未満	15年以上20年未満	20年以上25年未満	25年以上30年未満	30年以上35年未満	35年以上40年未満	40年以上45年未満	45年以上
20歳未満	-10,000									
20歳以上25歳未満	-10,000	-20,000								
25歳以上30歳未満	-20,000	-20,000	-20,000							
30歳以上35歳未満	-20,000	-20,000	-20,000	-20,000						
35歳以上40歳未満		-20,000	-20,000	-20,000	-20,000					
40歳以上45歳未満			-30,000	-30,000	-30,000	-30,000				
45歳以上50歳未満				-30,000	-30,000	-30,000	-30,000			
50歳以上55歳未満					-30,000	-30,000	-30,000	-30,000		
55歳以上60歳未満						-30,000	-30,000	-30,000	-30,000	
60歳以上							-30,000	-30,000	-30,000	-30,000

(4)　社会保険料を基準に考えた場合の設計

　これまでは，定率法と定額法によって標準報酬月額にどのような変動がある
のかを記してきました。前節(3)では定率法の場合に標準報酬月額が変わらない
ことがあり，それによって従業員間で不公平が起きないように工夫する方法を
記しました。

　ここでは，少々視点を変えてみたいと思います。そもそも，これまでは給与
の組替えを行うことによって，社会保険料が低くなる場合と，そうはならない
（何も変わらない）場合があるということに着目していました。

　これには，会社のメリットという観点もありますが，従業員の目線からすれ
ば「給与は低くなったのに社会保険料はそのままという場合と，社会保険料も
低くなるという場合があって不公平だ！」という意見が出ても不思議ではない
と思います。

　そこで，ここからは，まず，従業員全員の社会保険料を「不公平感のないよ
うに減らす」ことを念頭に置いて，そのためには給与をどのように下げるのが
適当かを示していきたいと思います。

　図表3－8は，**図表3－2**の会社において定額法2万円の組替えをした場合
の組替前の給与と組替後の給与です。**図表3－8**の右側は，**図表3－8**の左側
のそれぞれの給与に対する標準報酬月額とその変化を表しています。この場合，
45歳以上50歳未満と60歳以上で標準報酬月額が変化していないことがわかりま
す。

　全員の標準報酬月額が変わるようにするには，標準報酬月額の等級分けに合
わせた組替額とすることが考えられます。具体的には，**図表3－9**をご覧くだ
さい。これは給与と標準報酬月額の対応表です。対応表に記した「給与の幅」
とは，同一の標準報酬月額に"なる"給与の幅を示しています。ここでいう
"なる"とは，例えば，15.5万円以上16.5万円未満というさまざまな給与の違
いを，標準報酬月額として一括して同じ16.0万円と考えるということです。こ
の時の"幅"は1.0万円です。

　ただし，標準報酬月額が小さいと幅も小さくなりますし，標準報酬月額が大

図表3−8　組替額が2万円の場合の標準報酬月額の変化

組替前の給与

	5年未満	5年以上10年未満	10年以上15年未満	15年以上20年未満	20年以上25年未満	25年以上30年未満	30年以上35年未満	35年以上40年未満	40年以上45年未満	45年以上
20歳未満	180,000									
20歳以上25歳未満	200,000	230,000								
25歳以上30歳未満	250,000	250,000	280,000							
30歳以上35歳未満	300,000	300,000	300,000	330,000						
35歳以上40歳未満		350,000	350,000	350,000	380,000					
40歳以上45歳未満			400,000	400,000	400,000	430,000				
45歳以上50歳未満				450,000	450,000	450,000	480,000			
50歳以上55歳未満					500,000	500,000	500,000	530,000		
55歳以上60歳未満						550,000	550,000	550,000	580,000	
60歳以上							600,000	600,000	600,000	630,000

組替後の給与

	5年未満	5年以上10年未満	10年以上15年未満	15年以上20年未満	20年以上25年未満	25年以上30年未満	30年以上35年未満	35年以上40年未満	40年以上45年未満	45年以上
20歳未満	160,000									
20歳以上25歳未満	180,000	210,000								
25歳以上30歳未満	230,000	230,000	260,000							
30歳以上35歳未満	280,000	280,000	280,000	310,000						
35歳以上40歳未満		330,000	330,000	330,000	360,000					
40歳以上45歳未満			380,000	380,000	380,000	410,000				
45歳以上50歳未満				430,000	430,000	430,000	460,000			
50歳以上55歳未満					480,000	480,000	480,000	510,000		
55歳以上60歳未満						530,000	530,000	530,000	560,000	
60歳以上							580,000	580,000	580,000	610,000

組替前の標準報酬月額

	5年未満	5年以上10年未満	10年以上15年未満	15年以上20年未満	20年以上25年未満	25年以上30年未満	30年以上35年未満	35年以上40年未満	40年以上45年未満	45年以上
20歳未満	180,000									
20歳以上25歳未満	200,000	240,000								
25歳以上30歳未満	260,000	260,000	280,000							
30歳以上35歳未満	300,000	300,000	300,000	340,000						
35歳以上40歳未満		360,000	360,000	360,000	380,000					
40歳以上45歳未満			410,000	410,000	410,000	440,000				
45歳以上50歳未満				440,000	440,000	440,000	470,000			
50歳以上55歳未満					500,000	500,000	500,000	530,000		
55歳以上60歳未満						560,000	560,000	560,000	590,000	
60歳以上							590,000	590,000	590,000	620,000

組替後の標準報酬月額

	5年未満	5年以上10年未満	10年以上15年未満	15年以上20年未満	20年以上25年未満	25年以上30年未満	30年以上35年未満	35年以上40年未満	40年以上45年未満	45年以上
20歳未満	160,000									
20歳以上25歳未満	180,000	220,000								
25歳以上30歳未満	240,000	240,000	260,000							
30歳以上35歳未満	280,000	280,000	280,000	320,000						
35歳以上40歳未満		340,000	340,000	340,000	360,000					
40歳以上45歳未満			380,000	380,000	380,000	410,000				
45歳以上50歳未満				440,000	440,000	440,000	470,000			
50歳以上55歳未満					470,000	470,000	470,000	500,000		
55歳以上60歳未満						530,000	530,000	530,000	560,000	
60歳以上							590,000	590,000	590,000	620,000

組替による標準報酬月額の変化

	5年未満	5年以上10年未満	10年以上15年未満	15年以上20年未満	20年以上25年未満	25年以上30年未満	30年以上35年未満	35年以上40年未満	40年以上45年未満	45年以上
20歳未満	-20,000									
20歳以上25歳未満	-20,000	-20,000								
25歳以上30歳未満	-20,000	-20,000	-20,000							
30歳以上35歳未満	-20,000	-20,000	-20,000	-20,000						
35歳以上40歳未満		-20,000	-20,000	-20,000	-20,000					
40歳以上45歳未満			-30,000	-30,000	-30,000	-30,000				
45歳以上50歳未満				0	0	0	0			
50歳以上55歳未満					-30,000	-30,000	-30,000	-30,000		
55歳以上60歳未満						-30,000	-30,000	-30,000	-30,000	
60歳以上							0	0	0	0

図表3−9 標準報酬月額の等級分けの際の給与の幅

給与	標準報酬月額	給与の幅	割合
・	・	・	・
・	・	・	・
・	・	・	・
15.5万円以上16.5万円未満	16.0万円	1.0万円	6.3%
16.5万円以上17.5万円未満	17.0万円	1.0万円	5.9%
17.5万円以上18.5万円未満	18.0万円	1.0万円	5.6%
18.5万円以上19.5万円未満	19.0万円	1.0万円	5.3%
19.5万円以上21.0万円未満	20.0万円	1.5万円	7.5%
21.0万円以上23.0万円未満	22.0万円	2.0万円	9.1%
23.0万円以上25.0万円未満	24.0万円	2.0万円	8.3%
25.0万円以上27.0万円未満	26.0万円	2.0万円	7.7%
27.0万円以上29.0万円未満	28.0万円	2.0万円	7.1%
29.0万円以上31.0万円未満	30.0万円	2.0万円	6.7%
31.0万円以上33.0万円未満	32.0万円	2.0万円	6.3%
33.0万円以上35.0万円未満	34.0万円	2.0万円	5.9%
35.0万円以上37.0万円未満	36.0万円	2.0万円	5.6%
37.0万円以上39.5万円未満	38.0万円	2.5万円	6.6%
39.5万円以上42.5万円未満	41.0万円	3.0万円	7.3%
42.5万円以上45.5万円未満	44.0万円	3.0万円	6.8%
45.5万円以上48.5万円未満	47.0万円	3.0万円	6.4%
48.5万円以上51.5万円未満	50.0万円	3.0万円	6.0%
51.5万円以上54.5万円未満	53.0万円	3.0万円	5.7%
54.5万円以上57.5万円未満	56.0万円	3.0万円	5.4%
57.5万円以上60.5万円未満	59.0万円	3.0万円	5.1%
60.5万円以上63.5万円未満	62.0万円	3.0万円	4.8%
・	・	・	・
・	・	・	・
・	・	・	・

きいと幅は2万円，3万円と大きくなることもあります。

　この給与の幅を組替額とすれば，全員の標準報酬月額が変化することになります。例えば，給与が51万円の従業員は「48.5万円以上51.5万円未満」ですので，「給与の幅」は3.0万円です。この3.0万円を組替額とすれば標準報酬月額は，50.0万円から47.0万円に変化することになります。同様に，給与が17万円の人は「16.5万円以上17.5万円未満」ですので，「給与の幅」は1.0万円となり1.0万円を組替額とすれば標準報酬月額は，17.0万円から16.0万円に変化します。

　なお，「給与の幅」が給与に占める割合を計算すると多少ばらつきはあるものの（上の例では4.8％〜9.1％），給与が高くなるにつれて「給与の幅」も大きくなることから，従業員の負担感の差は一定程度緩和されていると考えられます。

　また，ここでいう給与は，手当て等も含んだ報酬を指していることにご留意ください。

(5)　恒常的な制度とした場合の留意点

　社長は，状況によっては24カ月経過後も給与と退職金の組替えをそのまま続けるという判断をする場合があると思います。

　基本的に，給与から退職金への組替案は，会社存続をかけた緊急避難的な措置として提案しており，恒常的に続けることは想定していません。しかしながら，この制度が始まると，長続きしたり，恒常的になったりする可能性はあります。

　仮に恒常的な制度として適用した場合には，以下のようなさまざまな想定していなかったことが起こる可能性があります。この留意点についてみてみましょう。

- 退職金に上乗せする金額が従業員のこれからの勤務年数によって異なる（例えば残りの勤務年数が40年の若年層の場合には960万円（2万円×12カ月×40年）になる）。

- 組替額は，退職金に給与減額分を組み替えて"上乗せ"するため，仮に定年前に自己都合で退職する場合でもその金額をそのまま支払うことを前提とすべきである。
- 制度管理および毎年の決算時の退職給付引当金の計算が煩雑となる。
- 今後，給与体系や退職金制度の変更を検討する場合に，組替分の取扱いがその検討を複雑にする可能性が高い。

このように24カ月では会社，従業員ともにメリットがある場合でも，それを継続する場合には，恒常的な制度となることに対する多角的な検討が必要となります。

第 4 章

減ると増えるをどのように説明するのか
組替実施に向けてのポイント整理

本当に大切なこと

「ナオさん。わが社でもそろそろ『組替えを実施する時に何をしなければいけないのか』を整理しようよ」

「はい，整理します。…えーと，何を整理するのですか？」

「組替えを実施するにあたってのポイントを整理するのだけどね。ちなみに，今まで整理したことはあるかな？」

「はい。私，入社にあたって京都からやって来たんです」

「ご実家が京都だっけ？」

「実家は大阪ですが，大学が京都だったのでそこでお部屋を借りていて，そこから引っ越してきたんです。その時にいっぱい整理しましたよ。ゴミはあるし，洋服とか食器とかは東京に運ばなきゃいけないし。あ，もちろん電気もガスも止めました。それに大家さんがとてもいい方で，東京に行く私に近所の神社の『仕事お守り』をくださったんです。宝物です」

「そうか。いい大家さんだね。ところで引っ越しの時にいろんなポイントを考えながら整理をしたのだろうね。最も重要なポイントは何だったかな？」

「掃除ですかね？　『立つ鳥跡を濁さず』ですよ！」

「掃除も重要だけど…もっと重要なことがあったんじゃないかな」

「掃除，引っ越し屋さん，水道，電気，ガス。新聞…あ，そうそうテレビも有線 LAN だったのでしっかり業者さん対応しましたよ」

「もっと重要なことがあるよね」

「え？　まだ？」

「さっき言ってたじゃない。大家さんがお守りをくれたっ
て。大家さんにきちんと挨拶をしたんじゃない？　実はそ
こが最も重要なポイントなんだ」

「確かに。つい，ポイントから外してましたけど最重要で
すね。わかってはいるんですけどね。だって，大家さんと
は毎日話をしたし，家族みたいだったからポイントとして
認識できてないのかな…」

「そう！　ついつい親しい人，例えば大家さん，がポイントから外れてしまう
ことがあるんだよ。さて，僕とナオさんが主軸となって『給与と退職金の組替
えと社会保険料』の24カ月ルールを実行するには，何が重要なのかな？」

「従業員の皆さんの理解を得ることですね！」

「うん，従業員の皆さんに説明をすることが何をおいても重要だね。大家さん
に挨拶をするのが重要だということと同じことだよ。何よりも人間同士のやり
とりが重要だ。そのためにポイント整理をしよう」

「はい，従業員の方々に24カ月ルールを説明しなきゃいけないですね。ポイン
ト整理，頑張ります！」

(1)　従業員への説明

　組替えを実施する場合には，さまざまな実際的な留意事項や対応事項が，あ
れやこれやと出てきます。社長も人事・総務担当者もさまざまな手続をする必
要性に迫られるのです。ここでは，社内にて対応が必要な事項の説明をしてい
きます。社内でできればそれでいいのですが，詳細な手続については，専門家
（弁護士，社会保険労務士，税理士，公認会計士等）にご確認されることをお
すすめします。

　さて，組替案で最も重要なことは，従業員の理解と協力を得ることです。そ
のためには，この組替えが，苦境に陥っている会社の存続と，従業員の雇用の
維持を実現するための策であることを説明する必要があります。加えて，社長
あるいは会社は，将来にしっかりと退職金を支払えるように，どのような準備

をするのか，会社の存続の具体策を丁寧に説明する必要があります。

　蛇足ですが，この時に社長が自信なげに弱腰な態度をとっているようでは，従業員の納得は得られませんし，24カ月ルールを実施する意味もなくなります。社長は自信を持って従業員に説明することが必要不可欠です。

　従業員にとってみれば，組替額を本当に将来の退職時に払ってもらえるのか不安になるでしょう。その不安を少しでも和らげるため，会社は，従来の退職金に組替退職金を増額する旨，退職金規程に記載することが必要です。組替えの退職金額の計算方法や金額など，具体的な内容も退職金規程に明記します。

　仮に会社が倒産した場合には，退職金は未払い賃金と同様に，会社財産に対して従業員の先取特権がありますので，退職金規程に記しておくことにより，従業員は一定の安心感を得ることができると考えられます。

　優先債権は，銀行の債務等のさまざまな債務よりも優先されますので，万一の状況では，まずは従業員に資金が流れることになります。

　また，会社の財務諸表には負債として退職給付引当金を計上することになります。退職金規程をもとに計上額を計算することになります。財務面でも退職金規程の重要性が高いことがわかります。

　これらをしっかりと対応することが，従業員の理解を得るための前提条件になるのです。このスタートラインのポイントは最も重要性が高いのです。

（2）　規程変更

　給与と退職金の内容を変更するためには会社の規程を変更することが必要です。従業員が，会社の規程を読み，理解することは，現実的には多くはないと思います。しかし会社に何らかのことが起こった場合を考えると，従業員としては規程を理解しておくにこしたことはありません。

　給与，退職金の変更には，給与規程，退職金規程の変更が必要となります。24カ月ルールといった，一定期間に限定した一時的な取扱いの場合には，従業員（労働者）の合意があれば，給与規程の変更が不要になる可能性もあります。しかしながら，合意だけではなく，退職金規程と合わせて給与規程にも記載したほうが明確になると考えられます。なお，恒常的な取扱いではないため，規

66

程の中では附則に記載するのがよいと思います。**図表4－1**は，給与規程と退
職金規程の附則の記載事項例です。24カ月ルールを採用する場合にどうなるか
が記載されています。

　24カ月に限らず，6カ月，12カ月と短期間で行う場合，36カ月，48カ月にす
る，あるいは恒常的に行う場合等々，さまざまな場合があるかと思いますので，
その際には，会社の事情に合わせて変更していただければと思います。

図表4－1　規程の附則の記載事項例

給与規程	2021年4月～2023年3月の24カ月間，月額給与を2万円減額する。
退職金規程	（退職金への加算） 　2021年4月～2023年3月の24カ月間，月額給与を2万円減額したことにより，その組替えとして2023年3月以前に入社した者の退職金は，本則による金額に別表の金額を加算する。 （別表） 「従業員番号と組替額の一覧」 （留意事項） この加算額は自己都合退職の場合の減額の対象とはしない。

従業員番号	組替額
×××1	480,000円
×××2	480,000円
×××3	240,000円
・・・	・・・

※組替額は従業員ごとに2万円×組替期間で計算した。

　退職金規程の附則の記載事項例の（留意事項）について説明します。会社によっては定年前に自己都合で退職した場合，退職金を減額する取扱いにしていることもあると考えられます。

　その取扱いについて退職金規程では，「自己都合退職の場合の退職金額＝定年退職の場合の退職金額×減額率」などと定めていることが多いと思います。組替額は給与の後払いですので，減額することを想定していません。定年前に

自己都合で退職する従業員の退職金を計算するときに，組替額に誤って減額率を乗じてしまわないように，留意事項を記載しておくことをおすすめします。

　なお，規程の変更については，社内で完結するものではないので，労働基準監督署や労働組合等との所定の手続をお忘れなきようお願いいたします。

(3)　会計処理

　退職金に上乗せする組替額は，会社の負債金額となります。名称は退職給付引当金です。適切な計算と財務諸表への計上が必要です。従業員にとっても，自分たちへの組替額の支払が会社の財務諸表上に適切な金額で計上されていることが，安心感につながると考えます。

　給与を退職金に組み替えることにより当面の資金負担は楽になりますが，その分，将来の支払に備えなければなりません。将来に組み替えられた結果として"増額"されている退職金の支払については会計上，貸借対照表に負債として退職給付引当金を計上します。すなわち組替えによりこの退職給付引当金に追加で計上が必要になるということです。

　なお，負債として代表的な銀行借入は銀行から運転資金や投資資金を借り入れるものですが，同様に退職給付引当金は従業員から資金を借り入れているととらえることもできます。

　銀行借入であれば，借りた金額に利息を加えて返すことになります。給与から退職金への組替案では利息を考えていませんので，銀行から借り入れるよりも組替案のほうが会社の負担は少ないことになります（組替額をそのまま退職金に上乗せするのではなく，少し割増して上乗せする案については，次の章でご紹介します）。

　また，退職金支払を返済とみなせば，返済までの期間も比較的長いと考えられますので，コーポレートファイナンスの観点からは有利な方法ともいえます。

　なお，退職給付引当金は，原則として将来支払う退職金のうち現在までに発生している金額を現在価値に割り引いて計算します。例えば2万円を24カ月組み替える場合，2万円×24カ月＝48万円をそのまま退職給付引当金に計上するのではなく，将来支払う48万円を現在価値に換算して計上するということです。

ただし、従業員300人未満の企業などでは、退職給付引当金の計算で原則の方法とは異なる方法を採用していることがありますので、ご留意ください。

これらの具体的な対応方法については専門家（公認会計士等）にご相談ください。また会計処理が必要かどうかについてもご確認ください。

(4) 退職金支払想定（シミュレーション）

組替案の重要なポイントは、組替額をしっかりと退職金として支払うことにあります。しっかりと支払うためには、将来の組替額の支払（キャッシュアウト）の金額と、キャッシュアウトの時期を予定しておかなくてはなりません。

そしてこれは非常に重要なことですが、組替額以前に、そもそもの退職金（組替が起きる以前に会社が想定している退職金）の支払を想定しておかなければなりません。そもそもの退職金に加えて、組替額の支払を予定するというキャッシュアウトの考え方が必要です。

すでに、会社で現状の退職金についてシミュレーションができている場合は、そこに組替額を上乗せすることになります。もし現状の退職金支払をシミュレーションしていない場合は、まず現状の退職金を把握することから始めます。

図表4－2をご覧ください。左の表に年齢別の従業員数を並べています。45歳以上の従業員を対象としています。今後20年間で定年退職（65歳定年の場合）する従業員数を把握するためです。その右の表に会社が今後20年間で支払う退職金支払の想定額を記しています。ここでは、定年退職時の現状の退職金を1人1,000万円としています。1年度（組替実施1年後）は、現在64歳の2人が定年を迎えますので、組替前（現状）の退職金支払額は2,000万円、組替後は1年間分の組替額として1人当たり24万円で2人分48万円を上乗せした2,048万円としています。

2年度（組替実施2年後）は、現在63歳の1人が定年を迎え、組替前は1,000万円、組替後は2年間分の組替額48万円を上乗せして1,048万円となります。

下に今後20年間の退職金支払想定額をグラフで視覚的に表しました。横軸が年度で、縦軸が退職金支払想定額です。

図表 4 − 2　退職金支払想定（シミュレーション）例

年齢別人数（45歳以上）

年　齢	人　数
45	1
46	2
47	1
48	5
49	3
50	3
51	6
52	5
53	2
54	2
55	6
56	4
57	7
58	7
59	3
60	1
61	2
62	1
63	1
64	2

退職金支払想定額　　　　　　　　　　（万円）

年　度	組替前	組替後
1	2,000	2,048
2	1,000	1,048
3	1,000	1,048
4	2,000	2,096
5	1,000	1,048
6	3,000	3,144
7	7,000	7,336
8	7,000	7,336
9	4,000	4,192
10	6,000	6,288
11	2,000	2,096
12	2,000	2,096
13	5,000	5,240
14	6,000	6,288
15	3,000	3,144
16	3,000	3,144
17	5,000	5,240
18	1,000	1,048
19	2,000	2,096
20	1,000	1,048

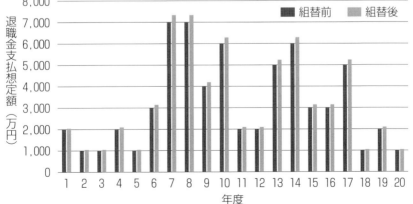

　図表４−２をみると，組替前と組替後の差は大きくありません。しかしながら，各年度の退職金支払額には大きな差があることがわかります。組替案を成功させるためには，将来の退職金支払について金額と時期を的確に把握し，それに向けて必要なキャッシュアウトの準備を行うことです。そのうえで支払時には，組替額を上乗せして退職金を正確に計算することになります。

　この退職金支払想定（シミュレーション）は，１度実施すればその後10年や20年間といった長期にわたって，対応しなくてよいというものではありません。会社は常に変化しますので，従業員数も変化します。この従業員数の変化などに対応するために，少なくとも３年に１度程度はシミュレーションで内容を更新し，常に実態に近い形にしておきます。そうすることにより，いつでも経営計画に反映できるなど，退職金支払の確実性を増すことにつながります。

(5)　退職金の正確な計算

　従業員に約束した『組替え＋本来の退職金』の総額を支払うために，まず会社は資金準備をすることになります。しかしながらここに留意点があります。資金準備ができていても，その金額が正しくなければ意味がありません。もし現状の退職金の計算自体に手間取っているような場合には，この組替えによる退職金の計算が正しくできるようにあらかじめ準備しておくことが必要です。

　そこで，ここからは準備の方法を，仮想ではありますが，実際の数値を利用して説明することとします。

　組替額が２万円定額で，全員が２万円×24カ月の48万円の組替えであれば，現状の退職金に一律48万円を上乗せするだけですので簡単です。

　しかしながら，実際のところ従業員の退職や新規雇用は起こります。組替終了後に採用した従業員がいるとしましょう。この従業員には組替えがなく，従業員の中に組替額のある者とない者が混在することになります。

　この状態では，従業員全員に退職金を一律48万円増額すればよいわけではなく，対象者なのか非対象者なのかを区別することが必要となります。また，対象者であっても組替期間中に入社した場合（24カ月ではなく，23カ月以下となる）や休職・産休・育休等により給与の支払がなかった場合など，組替額が48

万円とはならない場合があります。従業員ごとに「2万円×組替期間」を計算し組替額とすることになります。定額法でない場合は，従業員ごとに上の式の「2万円」の部分も異なるため，「（個別の）組替額×（個別の）組替期間」を計算することになります。

　退職金額は，従業員の入社年月日や休職の有無，支払った給与等，従業員の履歴データに基づき，退職金規程に従って計算します。この計算は円単位で行われ，組替えがなかったとしても十分に複雑で，人事担当者が常に神経を使っています。さらに組替額を上乗せしますので，できるだけ人事担当者の負担を軽減する方法を考えたいと思います。

　組替額は組替期間が終了したら金額が確定するため，組替期間の終了後にはすぐに従業員ごとの組替額の一覧を作成し，それを会社として保管することが必要です。最も確実なのは，退職金規程に，組替えの経緯と従業員ごとの組替額の一覧表を掲載することです。

　そうすることにより，忘れたり間違えたりすることを防ぐことができます。もちろん，人事担当者にしっかりと内容を説明し理解してもらうこと，担当者の交代時には引継ぎ事項に含めるなど，将来にわたって正確に引き継がれていくようにします。

　会社によっては，退職金計算用のシステムを導入している場合もあると思いますので，その場合は退職金に組替額が上乗せされるようにメンテナンスを行います。これも早期に対応することが大切です。

第5章

企業年金を利用してみる方策
組替案への追加オプション

> わかっていてもモヤモヤする限定合理性

「ハジメ先輩。ちょっと困ったことがあるんです」

「どうしたの？」

「同じ新入社員の仲間に，『24カ月ルールを実施
したらどう思う？』とこっそり聞いたんです」

「うんうん。どうだった？　2万円の給与を減額
して，すぐに元に戻すのではなく将来に戻すこと
に，やはり抵抗感があるかな」

「そうなんです！　どうしてわかったんですか？」

「それは織り込み済みだよ。現実問題として，給与が"今"2万円減るからね。
それが将来に戻るといっても今は痛いよね」

「そうですよね。でも，将来，もらえるのだから問題がないと思っていたのです
が，甘かったのでしょうか」

「甘くはないよ。特に現状は，金利はほぼゼロだから，今の2万円も将来の2
万円も経済的な価値は同じだよ。合理的に考えれば問題はないんだ。ただね，
人間ってそもそも合理的ではないからね」

「ハジメ先輩は理系だし，年金アクチュアリーだから合理的なのでしょうか。
経済合理性でしたっけ？」

「理系とかアクチュアリーは関係ないけどね。ナオさんが言った経済合理性は
『経済つまりおカネは合理的に動く』という考え方だね。ただ，現実は違うよ。
限定合理性という言葉を聞いたことはあるかな？」

「限定といえば，『期間限定』『限定100個』とかプレミアム感ありますよね」

「おおっ，かなり近いかも！　例えば，バイトで得た1万円とおばあちゃんからもらった1万円があるとしよう。これから遊びのためのゲーム機を買うのだけど，どっちの1万円を使う？」

「そりゃ，バイトで得た1万円ですよ。故郷のおばあちゃんからもらった大切な1万円をそうそう使えるわけないじゃないですか。この人でなしっ‼」

「（いや僕は別にどっちとも言ってないんだけど…）そ，そうだよね。1万円は1万円で経済的な価値は同じでも，その1万円に対する僕らの気持ち＝心理的な状態は違う。これが，行動経済学でいう限定合理性なんだ」

「なるほどー。24カ月ルールで今の2万円を将来の2万円に組み替えるときに，2万円という経済的な価値は同じなんだけど心理的なとらえ方は違ってくるってわけですね。で，どうすればいいですか？」

「説明をするんだよ」

「説明？　…そりゃ説明するって当たり前のことですよ」

「説明を頭では理解できても，心が"限定合理性"状態になることがある。そんな場合には，少しだけでもいいからお得感を見せてあげないといけないよ」

「プラスアルファですね！」

（1）　従業員に気持ちよく組替えを納得してもらう "プラスアルファ"給付

　「24カ月ルール」での給与と退職金の組替案は，従業員の視点からみた場合，生涯の金銭面（今，2万円減って，退職時に2万円が戻る）では必ずしもデメリットはありませんが，やはり今の給与が減るということに大きな抵抗を感じる人がいることは否定できません。社長にとっても人事部組替課にとっても不安材料となります。

　そこで，この章では，従業員の納得感を高める組替案への追加オプションを提示します。これにより一定程度は不安材料を取り除くことができるでしょう。ただし，会社のメリットが減少したり，制度が複雑になる可能性がありますので，適用する場合には十分な検討が必要になります。

　組替案は，減らした給与と同額を退職金に上乗せすることにより生涯収入は減らない（変わらない）ことを目指しています。ただし，従業員の抵抗感が大きい場合には，退職金に組替額以上の金額を上乗せし，生涯収入を増やすことで，少しでも従業員に納得してもらう努力をする必要があるでしょう。

　給与から退職金への組替えを社会保険料や税金を除いて考えた場合，総額でとらえれば従業員にとって損得はないようにみえます。ただし，今2万円もらえたものと何十年後かの退職金の2万円は同じ価値ではない，その間に運用したら増えるのではないか，と考える従業員もいるかもしれません。

　会社にとって退職給付引当金は銀行借入と同様の負債です。組替えは，従業員が会社におカネを貸しているととらえることが真っ当です。会社からみれば，従業員からの借入れです。本来なら利息をつけて返すのが当然ともいえます。

　従業員に組替案を納得してもらうためには，退職金に組替額だけをそのまま上乗せするのでなく，そこにプラスアルファを上乗せすることも考えられます。このプラスアルファの原資としては，組替えによる会社メリットであった社会保険料分を充てることが考えられます。

図表 5 － 1　　**退職金に上乗せする組替額とプラスアルファ**

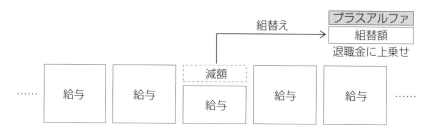

　給与の退職金への2万円組替案の場合，給与2万円に対して社会保険料3,000円が節約されています。そうであればプラスアルファは会社としては，1円から最大3,000円まで許容できるのではないかと思われます。

　プラスアルファを従業員全員に一律の金額とすることも考えられます。一方で，これを組み替えた額に対する利息と考えることもできます。その場合には，退職金の支払までの期間に応じて差をつけることもできます。

　図表5－2は，プラスアルファが3,000円の範囲に収まるように設計したものです。組替えから退職までの期間に応じて年複利0.3%とした場合の20,000円に対する利息です。0.3%は，退職までの期間が最長45年として，利息が3,000円を超えないように逆算して求めました。

図表5－2　年複利0.3%のプラスアルファ（組替額20,000円に対する利息）

退職までの期間(年)	プラスアルファ(円)	退職までの期間(年)	プラスアルファ(円)
0	0	23	1,427
1	60	24	1,491
2	120	25	1,555
3	181	26	1,620
4	241	27	1,685
5	302	28	1,750
6	363	29	1,815
7	424	30	1,881
8	485	31	1,946
9	547	32	2,012
10	608	33	2,078
11	670	34	2,144
12	732	35	2,211
13	794	36	2,277
14	857	37	2,344
15	919	38	2,411
16	982	39	2,478
17	1,045	40	2,546
18	1,108	41	2,614
19	1,171	42	2,681
20	1,235	43	2,749
21	1,299	44	2,818
22	1,362	45	2,886

　24カ月ルールの場合は，この金額を24倍することになります。例えば，現在50歳で15年後に定年退職する場合を考えます。上の図表で15年に対応する金額を参照すると919円です。この図表は組替え1カ月分（2万円）に対応する金額ですので，24カ月分に換算すると，919円×24カ月＝2万2,056円となります。

組替額は48万円（2万円×24カ月）ですので，退職金に上乗せする金額は，48万円（組替額）＋2万2,056円（プラスアルファ）＝50万2,056円となります。

社会保険料の節約分の範囲内であれば，プラスアルファを追加することは会社にとって財務的な追加負担とならないため，組替案の円滑な導入に有効なオプションと考えられます。

なお，この**図表5－2**の数字のままですと，計算が少し複雑で，管理も煩雑になる可能性があります。実際には少し数字を丸めたりしながら，実務負担を減らす工夫を考えます。**図表5－3**は，**図表5－2**をもとに10年ごとにまとめ，キリのよい金額に直したものです。これで少しは実務向きになったのではないでしょうか。

図表5－3 プラスアルファの実務的設計例

退職までの期間（年）	プラスアルファ（円）
0～9年	500円
10～19年	1,000円
20～29年	1,500円
30～39年	2,000円
40～45年	2,500円

従業員の納得感を重視すると，どうしても会社メリットは減少する方向にあります。これは仕方のないことかと思います。ただし，極力運営が容易になるようにわかりやすくし，実務負担を軽減することが大切となります。

(2) "企業年金の積立金"の活用

ここまでは，従業員の給与とそれに付随する社会保険料について，当面会社が支払う金額を減らす策を考えてきました。今払うのでなく，従業員の退職まで待ってもらえるのであれば，支払を先送りする，というものです。

ここでは少し視点を変えてみましょう。支払を先送りするのではなく，すで

に支払ってしまったもので活用できるものがないかを考えてみましょう。確定
給付型の企業年金（確定給付企業年金，厚生年金基金）を実施している会社は，
年金支払に備え，事前に掛金を積み立てています。その積立金は信託銀行や生
命保険会社といった企業年金の受託金融機関が管理・運用しています。

　企業年金は継続することに意義があるのはもちろんですが，会社が継続でき
なくては意味がありません。そこで最後の砦として，企業年金の積立金を活用
することを検討します。会社の経営が苦しいので，外部積立金の一部を会社に
戻したいところですが，残念ながらそれはできません。"一部" も "会社に"
もできません。できるのは，一定の手続を経て確定給付型の企業年金を解約し，
積立金を従業員に分配することです。これにより，当面の給与引下げによる従
業員の負担感を和らげることができます。また，毎月支払っていた掛金分の負
担も軽減されます。

図表 5 − 4　企業年金保険料と積立金

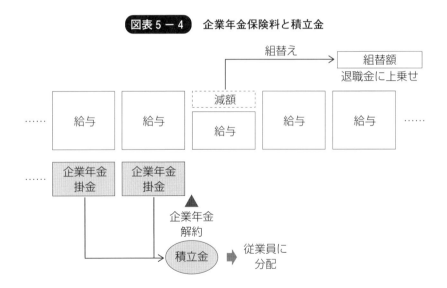

　企業年金の積立金は，会社が従業員の年金支払を目的に，年金受託金融機関
（信託銀行，生命保険会社等）に掛金を積み立てたものです。一定の要件を満
たすことにより，支払った掛金は税務上の損金に算入されたものですので，企
業年金を解約したからといってその積立金は会社に戻すことはできず，従業員

に分配されることになります。なお，分配される金額には税金がかかりますのでご留意ください。

　最後の砦ですので，慎重な検討が必要となります。もし企業年金を解約する代わりに，毎月支払っている掛金を一時的に引き下げることができるのであれば，そこから検討することになるでしょう。掛金を引き下げることができるかどうかは，企業年金の受託金融機関である信託銀行や生命保険会社等に照会しましょう。

　なお，企業年金の積立金は将来の年金支払の原資として税制的に優遇されていることもあり，企業年金を解約し積立金を活用するためには，さまざまな課題と手続があることに留意しなければなりません。特に，次の3点には留意が必要です。

- 企業年金の解約には厚生労働大臣の認可が必要となる等，会社の意思決定後，数カ月〜1年以上かかる場合があること
- 他の会社と共同で年金制度を実施している場合（厚生年金基金や企業年金基金に加入している場合など）は，年金制度からの脱退に他の会社の同意が必要となること
- 企業年金に積立不足がある場合は積立不足を埋めるための一括拠出が必要になること

(3)　確定給付型の企業年金の代わりの「企業型DC」の導入

　会社の危機とはいえ，確定給付型の企業年金の解約は従業員にネガティブな印象を与えます。これを払拭するために，組替期間終了後に代わりの制度として，企業型DC（確定拠出年金）を導入する手があります。

　組替期間は，緊急避難的に給与を減額（組替え）することに加え，確定給付型の企業年金を解約することにより，なんとか資金を捻出します。その代わりに，組替期間終了後は，従業員の老後所得保障の制度として企業型DCを導入することをあらかじめ計画しておきます。企業型DCでは，会社は掛金を支払いますが，資産運用は従業員が行います。確定給付型の企業年金では資産運用

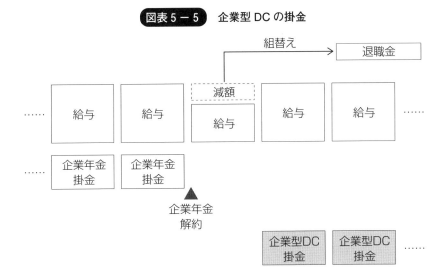

図表 5 − 5　企業型 DC の掛金

も会社が行っていましたが，これが従業員に移ります。そのため，従業員がきちんと資産を運用できるように，会社は従業員に投資教育を行います。ここまで含めて従業員に説明することにより，一定の安心感を持ってもらえるものと思います。

　会社によっては，確定給付型の企業年金に関する財務諸表への退職給付引当金の計上や，年金資産運用のリスクが負担になっていたかもしれません。企業型 DC ではこれらが不要になりますので，会社としては採用しやすい案ではないかと思います。

　なお，実際に検討する場合は，掛金や受託金融機関への手数料などの費用負担にも気を配ることになります。これらは，確定給付型の企業年金と企業型 DC で完全に一致するわけではありませんが，おおむね同水準で設計可能と考えられます。極力，追加負担が生じないように専門家に相談して検討することをおすすめします。

第6章

年金制度の変化と人生100年時代
2020年年金制度の見直し

人間100年…おカネも夢幻の如くなり

「ハジメ先輩。2020年に年金制度の見直しがあったのですか？ 社長に『うちみたいな中小企業には有効だと聞いたので調べてくれ』といわれました」

「さすが，社長は情報通だね。その見直しはかなり重要で，わが社にも関係があるんだよ。人生100年時代とか働き方改革とかって聞いたことあるでしょ」

「人間五十年〜，下天の内をくらぶれば〜，夢幻の如くなりぃ〜。私は織田信長みたいに太く生きたいんですよ」

「（ナオさん歴女だったんだ…）それはともかく，戦国時代に比べると，人生の感覚が2倍なんだもんね。そりゃ働き方も変わるよね。それで，今，年金制度の見直しで重要なのは，年金の受取時期にも幅を持たせることだと思うんだ。『人生100年時代』だからこそ長生きにかかわるリスクに備えないと！」

「夢幻のようにおカネも飛んでいきますもんね！ あれ，でもうちの会社はまだ年金制度はないんじゃ？」

「今，社長はこの苦しい24カ月が終わったら，次に備えて確定拠出年金を導入しようとしているみたいだよ」

「確定拠出年金ってDCのことですよね」

「そうそう，『Defined Contribution Plan』，略してDCだ。退職金だとどうしても退職時に会社がしっかりした状態なのかどうかというリスクがあるだろ。でもDCなら掛金は金融機関に保全されているからね」

「そうですね。安心ですよね」

「そこで簡易型DCを社長は考えているんだよ。**図表6－1**をみてごらん」

「簡易型 DC は被保険者の数が300人以下なのですね。わが社は100人だから大丈夫ですね。中小企業にも利用できますね」

「そうだよ。うちもそうだけど日本に会社は400万社以上あるといわれていて，そのうち99％は中小企業なんだよ」

「それなら，会社の多くが簡易型の DC を作るんじゃないですか！」

「そうだよ。うちも導入しなきゃいけないよ」

図表 6 － 1　簡易型 DC・通常の企業型 DC の比較

	簡易型の企業型 DC（簡易型 DC）	通常の企業型 DC
会社が必要なこと	厚生年金適用事業所であること加えて従業員規模が300人以下であること	厚生年金適用事業所であること
誰が加入できるか	適用対象者を厚生年金被保険者全員に固定※職種や年齢等によって加入是非の判断は不可	厚生年金被保険者※職種や年齢等によって加入是非の判断は可能
会社の掛金の決め方	定額	定額，定率，定額＋定率
運用できる商品	2 本以上35本以下	3 本以上35本以下

（1）　簡易型 DC

　2020年10月に設立手続を簡単にしたその名も「簡易企業型年金」ができました。これが簡易型 DC と呼ばれる制度です。

　通常型の企業型 DC（いわゆる企業型の確定拠出年金）の設立には多くの手続が必要になります。

　そもそもの話ですが，どのような形態であったとしても会社が年金制度を設立するにはさまざまな手続が必要となります。厚生年金といった公的年金は，会社員になれば，極論すれば日本人なら全員が当然のように加入する制度です

し，その制度はすでに出来上がっているのです。

　しかしながら会社が，会社の意思で独自に設立を決定する年金制度には，さまざまな手続が必要となります。厚生年金基金，確定給付企業年金，企業型の確定拠出年金（企業型 DC）等々のいずれも，国が認めて，かつ会社の労使合意があってこそ設立できます。

　一連の手続を**図表6－2**に示しました。

図表6－2　確定拠出年金（企業型 DC）の手続

企業型DCの導入スケジュール（例）

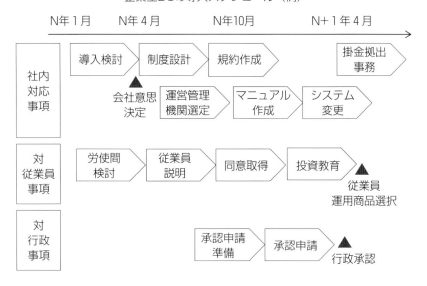

　ご覧いただけばわかりますが，手続を完結させるまでに1年半ほどかかります。筆者の経験では最も早い場合でも7カ月かかりましたし，最も長い場合には約2年かかったこともあります。

　図表6－2のとおり，労働組合や従業員の勉強会や，場合によっては社長等の経営側の勉強会が必要になります。それとほぼ同時に運営管理機関（銀行，保険会社等）を決めて，会社，労働組合等の関係者とのやりとりを始めます。

　労使合意には運営管理機関もかかわります。加入が想定される従業員からす

れば，確定拠出年金ともなれば，従業員が個々の努力で資産運用を行うことになるのですから，十分な説明を受けたいと思うのは当然のことでしょう。こうして，個別同意が可能となるのです。

　同時に規約の作成，申請を行います。承認されるまでに2カ月程度はかかりますので，その間に従業員に加入手続を要請したり，投資教育を行います。

　これだけのことが確定拠出年金の設立には必要なのです。会社の社長も，人事担当者も，そして従業員も「こりゃ，大変だ」と思ってしまいます。大企業ならできるかもしれませんが，中小企業にはやや荷が重いかもしれません。

　こうして新しく出来上がったのが，簡易型DCなのです。簡易なのは特に事務手続です。以下に制度導入時に必要な書類を並べました。

- 規約案……事業主掛金の算定方法や運用商品等
- 従業員数（加入者数）の証明書
- 厚生年金適用事業所であることの確認書類
- 労働組合の同意
- 労使協議の経緯
- 事業主による労働組合の現況証明

　通常の企業型DCの場合に必要であった運営管理機関との契約や資産管理機関との契約，なぜその機関を選定したのか等の会社側の作成書類は簡易型では不要となります。

　運営管理機関や資産管理機関とは，DCの加入者の資産の運用や管理を行うのですが，通常の企業型DCの場合には，会社が運営管理機関・資産管理機関と契約を結び，各機関は契約に応じて加入者（従業員）とDCの必要業務を行います。会社としては各機関と契約後に，さまざまな対応をしなければならないので，実は手間が相当程度かかってしまいます。

　簡易型DCの採用はこの手間を解消します。この簡便化は，中小企業にとっては効果が大きく，それゆえに簡易型DCの実用性が高まるのです。

(2)　iDeCoプラス

「そういえば中小企業向けにはｉがつく制度ってなかったでしたっけ？」

「イデコのこと？　iDeCoでしょ」

「それです！　iDeCoはどんな制度なんですか？」

「iDeCoは個人型確定拠出年金制度のことだよ。個人が掛金を拠出して，金融機関の商品で運用して，60歳以降に年金で，あるいは一時金でおカネを受け取ることができる。税制優遇されるから基本的には掛金分は課税されないし，運用している間も税金がかからないんだ」

「個人のことなんですね。それならわが社には関係ないですね」

「いやいや，iDeCoプラスという制度があって，それが会社にもかかわりがあるんだよ。iDeCoプラス（中小事業主掛金納付制度）は，企業年金（企業型DC，確定給付企業年金，厚生年金基金）を実施していない中小企業（従業員数300人以下）の会社（事業主）だけに使えるんだ」

「300人を超えるとダメなんですね」

「うん，だから中小企業向けだよ。中小企業の従業員の老後が心配だろ。彼らの所得をなんとか確保しようとするために，iDeCoに加入している従業員が拠出する加入者掛金に追加して，掛金を拠出できる制度なんだよ」

「従業員がiDeCoにすでに加入していても，それに加えて会社が掛金を払ってくれるんだ。なるほど…会社がわざわざ簡易型のDCを作らなくても，iDeCoがあればいいだけですね。これも便利かも」

「だろ！　あとは…」

「他にもあるんですか?!」

「きりがないな。あとは，続きを読んでみて」

＊　　　＊　　　＊

　iDeCoプラスは，iDeCo＋と記す場合もカタカナでイデコプラスと記す場合もあります。ここではiDeCoプラスとさせていただきます。

　iDeCoは個人型DCなのですが，iDeCoプラスは正式には中小事業主掛金納

付制度と呼ばれます。2020年10月からは従業員300名以下の中小企業は，従業員がiDeCoに加入している場合には，事業主が掛金を納付できるようになったのです。

　まず，最初に従業員が個人としてiDeCoに加入している必要があります。また，会社として企業年金制度を実施していないことも確認しなければなりません。そこまで確認できれば，会社としてはiDeCoの実施機関である国民年金基金連合会に「従業員のiDeCoに事業主掛金をプラスすること」を連絡し，従業員の掛金に会社の掛金をプラスして納付することとなります。

　図表 6 − 3 にiDeCoプラスの仕組みを記しました。

図表 6 − 3　iDeCo プラス

会社の必要条件	• 会社が企業年金制度（企業型DC，確定給付企業年金，厚生年金基金）を導入していないこと • 従業員が300人以下であること
労使の手続	• 労使合意が必要
加入者	• iDeCoに加入している従業員であること • iDeCoに加入している従業員が，iDeCoプラスを実施することを承認すること
掛金	• 掛金は月額5,000円以上23,000円以下 • 掛金は従業員と会社の掛金の合計となる
掛金納付	• 会社（事業主）が国民年金基金連合会に納付する
税金	• 会社は掛金を損金算入することができる

　労使合意の手続は必要ですが，基本的には従業員にとってはメリットとなる内容です。ただし，そもそも従業員がiDeCoに加入していることが大前提となります。この点では従業員に負荷がかかることになります。

　また，従業員の多くがiDeCoに加入していない場合には，加入している少数者のみにメリットが生じることにもなってしまいます。

（3）　企業型 DC と iDeCo の加入可能年齢等の引上げ

　人生100年時代ということは，当然のことながら就業年齢の延びにも影響します。1980年代は55歳が定年年齢でしたが，それ以降，寿命の延びと連動したがごとくに延び，今や65歳が定年という会社が多くなっています。中には，70歳が定年になるのではという予測も出てきています。

　加入年齢の引上げとは，加入年齢を引き延ばすということです。企業型 DC であれば，現在は65歳未満であれば加入が可能です。65歳で以前の会社を退職し，66歳で新しい会社に就業した場合には，これまではもはや企業型 DC の対象範囲外だったのですが，2022年 5 月からは70歳未満までは加入できるようになります。

　66歳で新規に就業する人は多くはないと思います。加入年齢の引上げは，長期にわたって勤務を継続している従業員にとっては，年金の積立期間を非課税で先延ばしできるという点でメリットが大きいと考えられます。

　また，会社としても従業員のつなぎ止めの時間が延びたことにメリットがあると考えられます。

　なお，iDeCo も現在60歳未満であった加入年齢が65歳未満に引き上げられます。

　ここからは，受給開始時期の話をします。人生100年時代に対応して受給開始時期にも変化が起きています。

　企業型 DC と iDeCo の受給開始年齢といえば60歳から70歳までを自由に選択できたのですが，拠出の期間が延びましたので，給付開始も延ばす動きが起きています。公的年金の受給開始を最大75歳まで引き延ばすことができることに対応し，企業型 DC も75歳まで給付を受けないことが可能になるように2020年に法律が改正されました。施行は2022年の 4 月です。ここまでの内容を**図表 6 － 4** に記しました。

図表6－4　拠出と給付の先延ばし

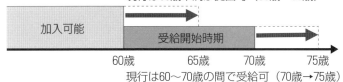

（出所：厚生労働省）

第7章

財務・会計の対応

おカネの流れを説明しよう

「ハジメ先輩。FCFって財務部の仕事なのですか？」

「いきなりどうしたの？ …FCFは単にフリー・キャッシュ・フローを意味しているだけだから，特に財務部に限ってはいないけどなあ」

「財務部が今回の24カ月ルールについて，財務への影響を知りたがっているみたいなんです」

「へーえ。でも，そうかな。確かにおカネの流れが24カ月ルールによって変わるからね。よし。では，これからナオさんに財務的な観点で説明するから，それを，財務部に説明してくれるかな」

「私にできますかね。ちょっと不安だな。まだ新入社員なんですよ」

「人生100年時代に『人間五十年』なんでしょ？ 倍速で頑張らないと！ まず，24カ月ルールのおさらいから始めよう」

「はい。24カ月ルールは，24カ月＝2年間に限定して，従業員1人当たりの給与から2万円を退職金に組み替えることです」

「組替えとは，その24カ月間は給与を2万円減らして，減額した『24カ月×2万円』分だけ，通常の退職金に加えるということだよね」

「はい。そうです。それで…この時にFCFは…あ，そうそう，会社には組み替えた従業員1人当たり『24カ月×2万円＝48万円』が自由に使えるおカネとして入るのです。わが社のように100人いれば

4,800万円がFCFとなる…あれ，それでよかったのかな…」

「ほら，社会保険を忘れているよ」

「そうでした！　社会保険料として，1人当たり3,000円だから，それに組替えを含めると2万3,000円で，それを24カ月100人だと5,520万円が会社で使えるFCFになるということですね」

「そうだよ。よくできました。ところで財務3表って聞いたことあるかな？」

「財務3表ですか？　会計の話であることはわかりますが…」

「財務3表というのは『キャッシュ・フロー（CF）計算書』に加えて『貸借対照表』と『損益計算書』のこと。会社のおカネの動きはこの財務3表に記載しなければいけないから，財務部が，僕たち人事部組替課に聞いてきたというわけだ。財務3表について学んで，財務部に説明できるようにしないとね」

「はい！」

(1)　キャッシュの流れ

　24カ月ルールについて具体的な数字で考えていきましょう。給与の2万円を退職金に組み替えることで，会社の支払はどのように変わるのか。社会保険料の支払を会社が抑えることで，会社にはどのような効果があるのかをキャッシュの流れをもとに説明します。

　図表7−1は給与を2万円減額した場合の，会社のフリー・キャッシュ・フロー（以下「FCF」といいます）を示しています。

図表7−1　組替えのFCF

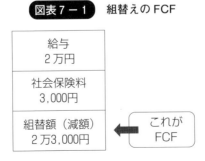

　給与を２万円組み替える（今は減額！）ことで社会保険料が3,000円の減額となりますので，会社としてのFCFは，月次で２万3,000円が組替えにより生まれることになります。従業員が100人いる場合には，会社としては毎月230万円ですので，12カ月だと2,760万円になります。24カ月で5,520万円です。

　給与を月額２万円だけ退職金に組み替えることによって，給与だけでなく社会保険料の減額分も加わるのです。

　なお，従業員の給与が組替えにより減じた分だけ，従業員の社会保険料も会社と同様に月3,000円の減額となります。

　繰り返しになりますが，給与の減額分は組替えとして退職金の増額分になりトントンですが，社会保険料分は，会社の支払が減少します。ここでの想定では１人１カ月で3,000円の減少です。社会保険料の減額は組替えの対象外なのです。

　FCFが生み出される結果として，会社の損益計算書にも影響します。前年度の損益計算書の計算において計上されている給与額と社会保険料は，今年度は一部計上されなくなるのです。一方，組み替えたことによって生じた将来支払う退職金の増額分が費用計上されることになります。

（2）　貸借対照表

　会社の資産がどのように変化するのかを，貸借対照表（バランスシートとも呼ばれます）でみてみましょう。給与の２万円と社会保険料の3,000円という支払がなくなりますので，会社には２万3,000円の余裕が生まれます。

　貸借対照表ではこの２万3,000円は資産として計上されます。**図表７－２**でわかるとおり，左側の資産が２万3,000円増加します。この左側は借方と呼ばれます。

　借方で資産が増えています。つまり左側が膨らみましたからバランスが悪くなっています。そこでバランスを元に戻すために，バランスシート，日本語では貸借対照表，の右側（貸方）が，２万3,000円分増加します。

　この貸方の動きには「２万円の給与の後払い案」において，重要なポイントが含まれています。会社が得た２万3,000円は貸方の負債として２万円が記さ

れています。「引当て」と図表に書かれているのは，一般には退職給付引当金と呼ばれています。なお，引き当てる金額の計算方法は会社が採用している会計基準により異なりますが，ここでは満額の2万円としています。

　負債と聞けば思い浮かぶのは銀行からの借入れです。社長の立場からすれば負債はおカネを借りている状況です。その負債項目に退職給付引当金が計上されているというのは，銀行からの借入れ同様に，社長からみれば，従業員からの借入れになります。従業員は「社長におカネを貸している状況」だといえます。

　あくまでも2万円は，退職金として支払うことを会社が約束していますから負債なのです。2万3,000円のうち，貸方の純資産として記されているのは3,000円です。「2万円の給与の後払い案」で，会社が自由に資金を利用できるのは3,000円だけであるということです。

　これは貸借対照表という会計上の記載ですから，実際には2万3,000円を現金として利用はできるのですが，退職金として，その将来の支払であることを確実に意識しながら2万円の使途を考えなければならないのです。

図表7－2　貸借対照表

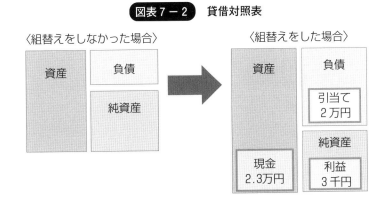

(3) 従業員への影響

　従業員への影響はどうなっているでしょうか。給与が2万円減るということは，従業員にとっては単に財布に入ってくるおカネが2万円減るということではありません。いずれは退職時に2万円が組み替えられるとはいえ，その現在の状況をみてみましょう。

　図表7－3をみてください。従業員に対する2万円の給与減により，給与が30万円（左側）から28万円（右側）になります。ここで手取額が30万円から2万円だけ引かれた28万円になるのなら単純なのですが，実際は異なります。

　手取額は給与30万円の場合には23万8,000円です。社会保険料と税金によって給与から6万2,000円が差し引かれることとしています（社会保険料と税金について一定の前提を置いて概算しています）。給与が28万円に2万円減額された場合には，手取額は22万3,000円になります。

　図表7－3のとおりに，給与30万円の際の社会保険料と税金は6万2,000円でしたが，給与が28万円になると社会保険料と税金は5万7,000円になります。差額は5,000円です。この5,000円分だけ，組替えによって社会保険料と税金が減ることになります。

図表7－3　2万円組替えの影響（従業員）

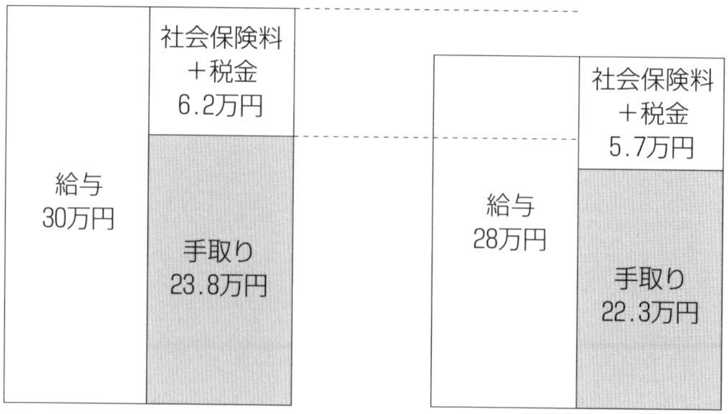

　給与を２万円下げることによって，手取額は23万8,000円から22万3,000円になりますから，その差額は１万5,000円になることがわかります。給与の動きと手取りの動きは異なります。ここでは実際には手取りのおカネが１万5,000円減ることになります。給与は２万円減るのに，実際の受取額である"手取りの給与"の減りは１万5,000円になるとは，決して5,000円が払戻しになって，お得になったということではありません。

　そもそも，給与額と手取りの金額には差があります。給与の明細書を確認すればわかりますが，給与額から税金，社会保険料，会社独自の社員旅行の積立て，財形貯蓄等々のさまざまな減額分が，いわゆる天引きとして引かれて，実際の手取りの金額を得ることになります。

　ここでいう5,000円は，いろいろと引かれる金額が，そのうち5,000円だけ引かれなくなった，引かれる金額が減ったということにすぎません。

　なお，ここでの税金には住民税も含めていますが，住民税については１年遅れになることに留意が必要です。

(4)　損得のトータル

　２万円という金額を給与から退職金に組み替えることによるその場の影響あるいは，その時点での影響は**図表７−３**のとおりですが，これによる将来の影響をみてみましょう。

　退職金の給付は65歳を想定しています。退職金は一時払いであるとすると，65歳で退職金を一括して受け取ります。勤務期間中に支払を続けてきた厚生年金の給付は65歳から始まります。

　公的年金である厚生年金の詳細については第８章で説明していますが，ここではサクっと進めます。

　２万円の組替えを行うと，その時点での従業員の給与の手取額は，組替前が23万8,000円で組替後が22万3,000円ですから，手取りの減少は１万5,000円です。これは"今"起きることです。それが数十年後の退職金には２万円の増加として現れます。

　年金は給与の減少に伴い，保険料が減りますので65歳から受け取ることがで

94

きる厚生年金は減少します。減少とはいえ，どれほど減るかが気になります。65歳から85歳まで20年間にわたって厚生年金を受け取ると想定すると，20年間で2,000円程度の減少となります。

　ここまでを計算してみましょう。

手取り の減少	+	将来の退職金 の増加	−	将来の年金の減少の 総額（65歳〜85歳）	=	損益
−1.5万円	+	2万円	−	2,000円	=	3,000円

　差し引きすると，給与（月給）の減少と20年間の厚生年金の減少よりも，退職金の増加でプラスとなることがわかります。

第8章

公的年金制度

宝くじで4,000万円当たったら

「ナオさんに質問です」

「何だろう？ 数学の質問はやめてくださいね」

「ふふふ。さて，宝くじで4,000万円当たったら，ナオさんならどうしますか」

「4,000万円ですか？ 7億円なら超高級マンションを買うけど。4,000万円なら，まず3,000万円でマンション買って，そのあと500万円でお部屋をきれいにして，残りは海外旅行に行って…贅沢だわ。楽しい毎日が送れそう‼」

「では，次の質問。日本の公的年金はこの先どうなると思うかな？」

「公的年金はいずれなくなるのではないかともいわれていますよね。私のおじいちゃんやおばあちゃんは当然もらっていて，父や母はもらえる。でも今の若者は，将来もらえないかも…。じゃあ預金しなきゃ」

「そうか…公的年金はもらえないかもと思うのだね」

「やはり宝くじの4,000万円は，マンションも海外旅行もやめて預金しておきます。4,000万円もあれば余裕あるんじゃないかな」

「確かに今の若者は年金には期待してないようだけど。でも僕たちは人事部組替課にいるんだから年金の事実をしっかりと知っておかなきゃいけないよ」

「はい…？」

「まず，老後を65歳以降としよう。今の日本の公的年金制度だと，老後に会社員（第2号被保険者）がもらっている公的年金は月額で15万円程度。この額は基礎年金の約6万円を含めてだから，厚生年金としては9万円ぐらいがもらえる。65歳から85歳の20年間で公的年金はいくらになるかな。計算してみて」

「公的年金を月額15万円として，12カ月で180万円ですね。それが20年間だとおよそ4,000万円です…ええ，公的年金ってこんなにもらえるんですか？」

「そうだよ。『こんなにもらえる』というけど，これで足りるかな？　食費，光熱費，家の費用等々を考えれば，これがギリギリの金額なんじゃないかな。旅行に行ったり，マンションを買ったりは…」

「できないですね。毎月にかかる費用を10年，20年と考えると数千万円の費用は必要なんですね。贅沢はできませんね」

「そう。公的年金制度があるから，僕たちはなんとか楽しく過ごせるんだよ。簡単に公的年金は将来ないかも，なんて話はできないんだよ。とはいえ，国が人口減少になったり経済がうまく行かなかったりすると年金制度を維持できないかもしれない。だからしっかりと公的年金のことを考えないといけないんだ」

「なるほど。考えましょう！」

（1）　わが国の公的年金制度の沿革

　わが国の公的年金制度として，最初に制定された法律は1941（昭和16）年の労働者年金保険法です。当時の労働は今では考えられないほど過度な状況になることもあり，それに対する施策の１つとして，国が労働者の老後を支えるために立ち上げたものです。

　その後，1944（昭和19）年に厚生年金保険法に名前が変わりました。

　そして，第二次大戦が終了した後に，日本に発展の機会が訪れます。就業者数が増加し，経済発展とともにさまざまな公的な支援も必要となり，年金分野では厚生年金保険法が1954（昭和29）年に全面改正され，今の厚生年金保険制度が始まったのです。つまり，70年近くにわたって日本では厚生年金保険制度が継続されているのです。

　ここまでの歴史は，端的にいえば国で働いている労働者に向けた公的な年金保険制度の話です。労働者だけでなく，国民全員にあまねく年金保険を適用し

ようという声が高まり，施行されたのが1961（昭和36）年の国民年金制度です。
これが，有名な"国民皆年金"という体制のスタートで，今からほぼ60年前に
誕生したことになります。国民皆年金は，世界でもめずらしいもので，日本に
生まれてよかったと感じることのできる制度の1つです。

(2)　わが国の公的な年金制度

　日本の公的な年金制度は2種類あります。国民年金と厚生年金です。この2
種類が職業等によって分かれています。第1号被保険者は20歳以上の自営業者
や大学生等になります。大学生などで所得が十分ではなく保険料の納付がむず
かしい場合には，一定の条件のもとで「学生納付特例制度」により納付が免除
されます。

　第2号被保険者は，この本の主題にもなっている会社員が対象です。会社員
だけでなく公務員も対象に含まれます。なお，公務員の年金制度は，2015（平
成27）年の10月までは共済年金制度と呼ばれていましたが，その年の10月から
は厚生年金に統合されています。

　第3号被保険者は専業主婦等です。第2号被保険者に扶養されている20歳以
上60歳未満の主婦や主夫が対象です。ただし，年収130万円未満が対象ですか
ら，それを超えると第1号や第2号になります。

　公的な年金制度で老後にいくらぐらいもらえるのでしょうか。**図表8－1**に
あるとおりなのですが，第1号，第2号，第3号のどれに該当するかで受取り
額は異なります。また，20歳以降から65歳までの間に勤務体系も，就業体系も
変わるでしょうし，会社から独立して個人事業主になることもあるでしょう。

　このように，社会人人生の間には，自分を取り巻く環境はさまざまに変化し
ますので自分の年金がいくらになるのかを予測するのはむずかしく，あくまで
参考としてみてください。この中で，確実な年金といえば基礎年金かと思いま
す。社会保険料の支払がなされているとすれば，基礎年金については老後等に
受け取ることができ，その金額も図表のとおりです。

98

図表8-1　日本の年金制度

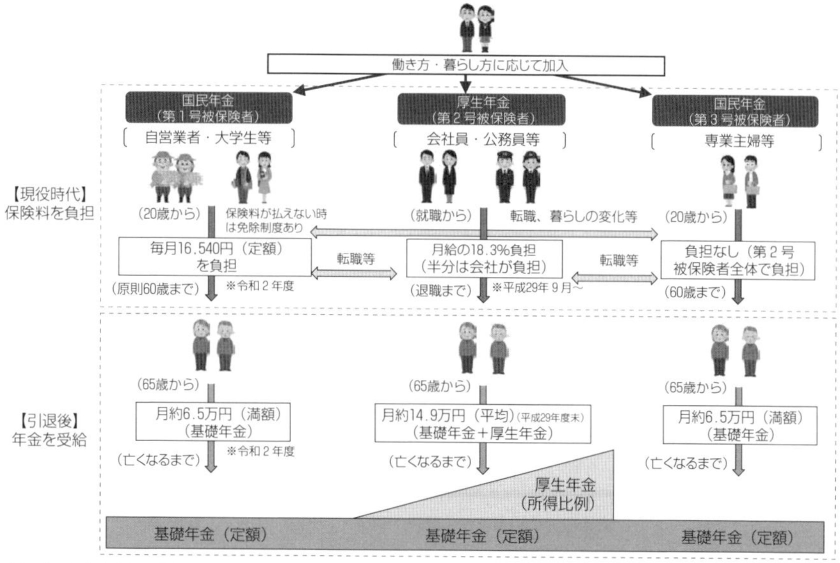

（出所：厚生労働省）

(3)　マクロ経済スライド

　もう有名になってしまいましたが，公的年金の年金支給額は「マクロ経済スライド」という仕組みで水準が調整されています。

　マクロ経済スライドの前には物価スライドという仕組みが採用されていました。1989（平成元）年には完全自動物価スライド制が導入されました。

　公的年金の支給額は，国が決めています。国には，自由で使い放題のおカネがあるわけではないので，年金受給者全員に的確に年金が支払えるよう，かつ，国の予算の範囲で公的年金が支払えるようになっています。

　年金額の増減については，まずは物価を参考に，その必要性が議論されます。同じ1,000円でもその貨幣価値はインフレが進めば減少し，1,000円で買えたものが1,000円では買えなくなってしまいます。インフレの反対のデフレになれば貨幣価値は上昇します。1,000円で，実質1,100円の価値のものが買えるよう

にもなるのです。

　このインフレ・デフレは物価の変動ですから，まず，国はインフレになれば，すなわち物価が上がれば年金の支給額を増やすようにしました。反対に，物価が下がれば支給額を下げるようにすることを決めたのです。これが物価スライド方式です。

　完全自動物価スライド制が導入された1989年は，経済も絶好調でインフレ率が2％から上昇し1990年には3％を超えていました。今のほぼ0％の状況とは比較にならないほどの好景気だったのです。物価が上がることを前提にした物価スライドですが，現実には，景気が後退しデフレ状況になりました。

　デフレに近い状況ではありましたが，景気も悪かったために年金の給付額を下げるという物価スライドは実施されてはいません。

　2004年の年金制度改正では，急速に進行する少子高齢化を見据えて，将来にわたり，年金制度を持続的で安心できるものとするため，財源の範囲内で給付水準を自動調整するマクロ経済スライドを導入しました。

　マクロ経済スライドのマクロとは経済の専門用語で"全体"を意味します。個別はミクロです。個々の会社の経済状況はミクロ経済ですが，国全体はマクロ経済となります。

　マクロ経済スライドは，経済の成長スピードが鈍化していること，高齢社会となっていること，人口減少が想定されることで社会保険料の納付者が減り，反対に受給者が増えること等を考慮した方法です。もはや，1950年以降の"経済成長"ありきの社会ではなくなったことがよくわかります。

　公的年金制度は国民のための制度です。年金受給者にとっては重要であることは当然ですが，納付者のことも考えないといけません。この点では，次章に記す私的年金である確定給付企業年金，確定拠出年金等の制度の重要性が増すのです。

第9章

会社の退職金制度と年金制度は
どうしてできたのか

給与引上げ競争の果てに

「ハジメ先輩は年金のアーチェリーですよね」

「そうそう，的を狙えば百発百中よ。毎年金メダルを大会で獲ってるから，年金アーチェ…。なわけないじゃん。アーチェリーじゃなくて，アクチュアリー！」

「ダジャレさむいですよ。どっちでもいいけど，先輩は年金アクチュアリーだから，年金のこと詳しいですよね」

「（梯子外された‼）…知ってるよ。もちろんだよ（怒）」

「では教えてください。年金っていつできたのですか？」

「え，年金がいつできたか？　うーん…明治，江戸，室町，鎌倉…縄文時代？　僕，歴史はからきし弱いんだよ」

「やだなあ先輩，日本では第二次大戦後に年金ができたそうですよ」

「知ってるなら先に言ってよ（そうだ，ナオさん歴女だった…）」

「何でも第二次大戦が終わってから，都市圏で仕事が増え，地方の人材が集団就職で集まって来たそうです。どこの会社も若者を採用したくてすごく大事にしたらしくて，都会に集団就職する若者を『金の卵』って呼んでいたそうです」

「そうなのか…。今なんて若者は就職難で困っているのに」

「そうですね。それで金の卵たちはできるだけ給与の高い会社を選びますよね」

「そりゃそうだよ。給与は高いほうがいいに決まっているよ」

「新規の就職者を確保するために，給与がどんどん高くなっていったようです。さて，ここで問題。先輩だったら，そんな状況にどう対応しますか？」

「どうって…若者を確保するには給与を上げるしかないんじゃないかな」

「ハジメ先輩，それだと出世できないですよ。給与をひたすらに高くしていったら会社がもちません。当時もそれは同じで，どなたかはわかりませんが，ある会社の社長が『給与引上げ競争はやめる』と決断したんですよ」

「え，どういうこと？　それじゃ若者たちが他の会社に行ってしまうんじゃ…」

「退職金や年金を就職の材料にしたみたいですよ。金の卵たちは都会で就職しても，しばらくしたら会社を追い出されるのではないかと不安だったのですって。そこで，『定年まで長く働いてほしい。今の給与は普通だけれど，長くいればいるほど退職金や年金が増える制度を作る。だからわが社に就職してほしい』と言ったそうなんです。それで，金の卵たちは，退職金・年金がある会社に殺到したみたいです。これが，退職金・年金制度ができる要因になったそうです」

「いや，歴史詳しすぎでしょ。アクチュアリーの立場が…。しかし，そんなに深い話があったのだね」

（1）　退職金制度の歴史

　そもそも退職金制度がいつからできたのかを考えれば，江戸時代に遡るといわれています。江戸時代には，成功した商家が，長年にわたって働いてくれた奉公人に「のれん分け」を行いました。のれん分けとは，商家ののれんを分ける，すなわち商家が持っている技術や能力（のれん）を，退職後に「使用する許可を与える」ということです。

　ご存じのとおり「のれん」には屋号が書かれています。独立した退職者に，会社名の使用を認めることで，その知名度を活かしたビジネスを行えるようにするものです。今でも町中の蕎麦屋さんや，ラーメン屋さんで，のれん分けを

していることがわかることがあります。

この，のれん分けは，独立する者のそれまでの「奉公」に少しでも報いるために屋号ののれんを分けたものです。当時は屋号だけでなく，「祝い金」と称しておカネを贈ることもあったようです。いわば恩恵報奨金あるいは退職慰労金です。これが，今，私たちがかかわっている退職金の始まりです。

このような状況が，江戸から明治，大正そして昭和の初めまで続いていたようです。恩恵にしろ退職慰労にしろ，大変ありがたい制度だと受け止められていました。しかし，ここにも問題がありました。

それは社長の意思によって変更ができてしまうことです。社長の好みの退職者には恩恵・慰労を行うが，気に入らない退職者には恩恵も慰労もせずおカネは一切出さないということが可能でした。法整備が適切でなく，コンプライアンス対応をしようにも不可能であった時代です。

その後，年月が経ち，1937（昭和12）年に「退職積立金及退職手当法」が施行されました。法律で定められた退職金にかかわるものですので，社長の好みで退職金を支払う，支払わないを決めることはできません。従業員の退職金に対する安心感が生まれた瞬間だといえるでしょう。

1937年ですから，今よりも80年以上も前のことです。ここに退職金制度における使用者の義務と雇用者の権利が確立されたのです。

その後，第二次大戦が終結したのちに，経済が徐々に回復し，会社も従業員も増え始めた1952（昭和27）年に退職給与引当金制度が実施されました。これにより，会社の財務諸表（貸借対照表）に引当金の"数値"が記載されるようになりました。

退職給与引当金（後に，退職給付引当金）は，将来にいずれにしろ支払うことが（所要の勤務年数という前提条件が満たされれば）確定しているため，貸借対照表に記載することが必要です。これにより会社としては，支払を従業員に約束することとなるのです。

(2)　今はなき適格退職年金制度

1950年代から，会社はどんどん大きくなり，その数も多くなりました。神武

景気といわれる好景気で高度経済成長期の始まりです。多くの会社の従業員が退職金を得るようになり，それが貸借対照表に計上されるようになったのですが，実際のおカネはありません。財務諸表上に計上されただけです。

　会社は従業員のことをしっかりと考えて財務諸表に計上することになりますが，従業員はいずれ退職します。その時には会社はキャッシュとしての退職金をフローする（流し出す）ことになります。仮にですが，ある時に，大量の定年退職者がいる場合には，多額の退職金のキャッシュアウトが起きてしまいます。

　社長としては頭の痛い問題です。経理担当者にとっても事務で時間がかかってしまいます。しかも，好景気でどんどん会社が設立され，従業員が増え，そして退職者も増えたため，退職金というものを税制優遇することが急務になりました。

　そこで，税務当局が考え，1962（昭和37）年に税制適格退職年金制度が作られたのです。要件を満たす年金制度は，掛金を損金に算入できるというものです。税制適格退職年金制度によって，会社は従業員の勤務中に掛金という形で平準的にキャッシュアウトできるようになります。こうして，税制上の優遇で従業員の将来の年金の受取りが，より確実で実体的なものになりました。

　しかし，まだ問題がありました。税制適格退職年金制度という名称ではありますが，つまり年金制度という名前は入っているのですが，一時金として受け取ることが一般的でもあり，年金というには中途半端だったのです。

　その後，この制度（適格退職年金制度）は2012（平成24）年 3 月31日に廃止されました。

(3)　厚生年金基金

　厚生年金基金という制度は，現在（2021年）にも存在しますが，会社においてはほとんどが確定給付企業年金制度になっており，新規に設立はできないことになっています。あるいは掛金を支払った後に，その掛金は従業員に移管され，従業員が資産運用を行う確定拠出年金制度になっています。

　現状は縮小された厚生年金基金制度ですが，1966年に実施されるようになり，

その当時は多くの会社が加入をしていました。

　税制適格退職年金制度は税務が主目的だったのですが，厚生年金基金は当時の厚生省（現在の厚生労働省）の所管で，厚生目的のために，つまりは労働者の目線を中心に考えるようになったという点で画期的なものでした。従業員の受給権中心で年金制度を考えようとしたのです。

　厚生年金基金は，その資産を運用して収益を確保します。信託銀行や保険会社といった受託会社に，掛金（おカネ）を預け，株や債券で運用を委託するのです。資産運用のためには多くのおカネを委託します。とはいえ会社によっては十分なおカネを委託できない場合もあります。これでは受託機関も困ります。そこで厚生年金という国の年金の一部を用いて代行することで，厚生年金基金のおカネの総量を増やし，的確に資産運用ができるようになりました。

　ここでいう代行とは，厚生年金（基金ではない！）のうち報酬比例部分（給与の額によって変動する部分のうち再評価を除いた部分）だけを厚生年金基金に移し替えることです。移し替えることによって，会社に一定の責任を負わせながらも独立している厚生年金基金が，国の厚生年金に代わって運用を引き受けることになります。これが代行になります。

　厚生年金基金制度が始まってから，長い間，日本は経済成長期が続きましたので，代行部分を含めた会社の厚生年金基金の運用がうまくいっていたのですが，1990年以降は，いわゆるバブル崩壊という事象が起き，経済成長が鈍化しました。

　経済の鈍化とともに，株式，債券市場による資産運用の利益も鈍化しています。一方，高齢化が進展し，必然的に給付も多くなり始めました。このような事象に対応するために，厚生年金基金をはじめとする年金制度の内容は変化していったのです。

　会社としては代行部分に企業独自の年金制度が加わるのでメリットは大きいのですが，一度，移し替えると，そう簡単には国に戻せないのです。しかしながら，この代行部分が大きく縮小しました。後ほど説明するように，厚生年金基金を確定給付企業年金に変更するにあたって代行部分が厚生年金に返されることとなり代行返上が起きたのです。

(4)　適格退職年金制度廃止で生まれた今の年金制度

　今の企業年金制度については，**図表9－1**と**図表9－2**に記したとおりです。税制適格退職年金制度が廃止されたのは2012年ですが，廃止されるにあたって，およそ10年間の移行期間がありました。

　2001（平成13）年10月１日からは俗にいう「日本版401ｋ」という企業向けの確定拠出年金制度が開始されました。企業型DCです。確定拠出年金制度は英語だと Defined Contribution になりますので略して DC と呼ばれるようになったのです。ここから従業員個人自らが運用についての責任を負う年金制度が開始されたのです。

　念のためですが，それまでの適格退職年金制度も厚生年金基金制度も一定の利率で"会社"あるいは"基金"が運用責任を負っていたのですが，これが個人に移されたのです。会社・基金としては，資産運用の結果の善し悪しを気にすることなく年金制度を持つことができるので，責任は軽くなります。

図表9－1　適格退職年金制度の移行先

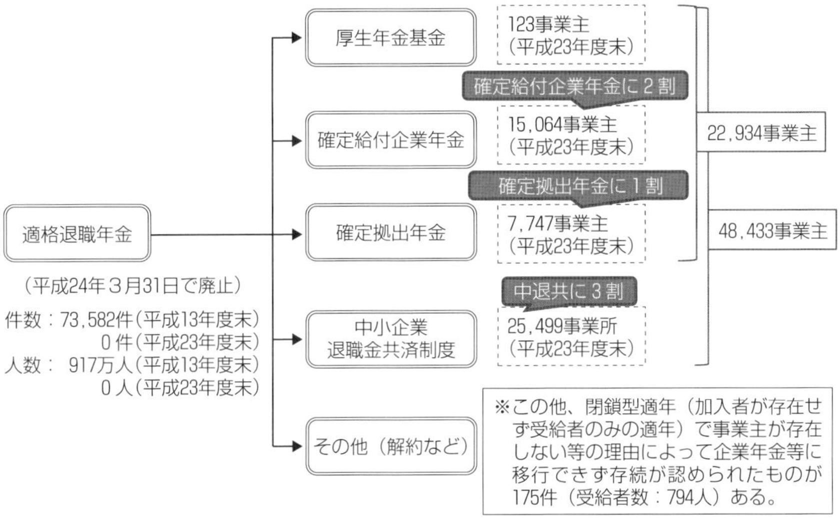

（出所：厚生労働省，第5回社会保障審議会企業年金・個人年金部会資料，2019年5月17日）

 2002（平成14）年には厚生年金基金に加えて企業独自の年金制度の遂行のために，確定給付企業年金制度ができました。これは英語だと Defined Benefit になりますので DB とも呼ばれます。

 このように，2001年と2002年には企業年金制度には大きな変化が起きたのです。それから20年ほど経っているのですが，年金制度は極めて息の長い制度ですので，まだまだこの変更による修正が会社の中では行われています。人事部等では，この変更の内容を理解しておく必要があるのです。

図表9－2　確定給付型と確定拠出型

タイプ	種類	概　要
確定給付型	確定給付企業年金（基金型）	母体企業とは別の法人格を有する基金を設立した上で，その基金が年金資産を管理・運用し，老齢厚生年金の上乗せ給付を行うもの。
	確定給付企業年金（規約型）	労使が合意した年金規約に基づき，企業と信託会社・生命保険会社等が契約を結んで，母体企業の外で年金資金を管理・運用し，老齢厚生年金の上乗せ給付を行うもの。
	厚生年金基金 ※現在，新規設立は認められていない	一企業単独（単独設立），親企業と子企業が共同（連合設立），または同種同業の多数企業が共同（総合設立）して，厚生年金基金を設立し，老齢厚生年金の一部を代行して給付するとともに，独自の上乗せ給付を実施するもの。
確定拠出型	確定拠出年金（企業型）【企業型DC】	企業がその従業員のために資産管理機関に拠出した掛金を，従業員ごとに積み立て，従業員自らが運営管理機関を通じて資産管理機関に運用の指図を行い，老齢厚生年金の上乗せ給付を行うもの。
	確定拠出年金（個人型）【iDeCo】	企業の従業員のうち企業年金がない人や自営業者等が，自ら国民年金基金連合会に拠出した掛金を，加入者ごとに積み立て，加入者自らが運営管理機関を通じて同連合会の委託を受けた金融機関に運用の指図を行い，老齢厚生年金の上乗せ給付を行うもの。

（出所：厚生労働省の資料をもとにコア・コム研究所で修正）

第10章

副　業

組替えの根っこにあるのは？

「ハジメ先輩。最近，副業が流行っているのですか？」

「副業・兼業は，確かに話題にはなっているね。いずれにしろ日本の会社の多くが，従業員に副業をしてもらうことになるらしいよ。10年ぐらい前から国は考えていたみたいだよ」

「新型コロナの前からですか」

「そうだよ。そもそも日本は高齢社会だし，人口も減少しているからね。できるだけ多くの人が働けるようにしないと，日本経済がダメになる。以前から，女性にも働いてもらおう，老人にも働いてもらおう，そうすれば日本の人口は減っても，就業人口は減らないだろうっていわれていたみたいだよ」

「そうなのですか。副業の社会的なニーズがあったのですね」

「政府も動いていたんだよ。令和元年に公表された『成長戦略実行計画』の中でも『③兼業・副業の拡大』（6頁）と書かれているね。ほら，首相官邸のポータルサイトに出ているよ」

「あ，ほんとだ。令和2年版だと1頁に『兼業・副業の環境整備』と出てきますね。労働者の自己申告制…，簡便な労働時間管理の方法…ふむふむ。『企業の労務管理責任の範囲・在り方についてしっかりとルールを整備し，企業が安心して兼業・副業を認めることができるようにする』と書いてあります」

「これは『新しい働き方の定着』というもので，首相官邸も最重要課題の1つとして認識しているんだよ。内閣官房の資料（『成長戦略フォローアップ（概要全体版）』令和2年7月）では兼業・副業やフリーランスなどの『新しい働

き方を定着させ，リモートワークにより地方創生を推進し，DXを進めることで，分散型居住を可能とする社会を実現』すると書かれているよ」

「なんだかすごいですね…よくわかんないけど，すごいです。でも副業と今回の給与・退職金組替えの話って関係あるんですか？」

「組替えの根っこにある問題を覚えてるかな？　ナオちゃんは社長に何を迫ったんだっけ？」

「仲間を誰も辞めさせたくないって。あ，そうか，副業も…」

「そう。組替え同様，こうした新しい制度を取り入れていくことも同時に検討するべきかもしれないよ。だから，僕たち組替課も勉強しておこう。それに，副業は社会保険とも関係しそうなんだよ」

「わかりました！」

(1)　副業・兼業は実際に起きているのか

　2020年9月に厚生労働省が「副業・兼業の促進に関するガイドライン」を更新しました。このガイドラインは2018年1月に策定されたものですが，早くも2年後に更新されたのです。更新には理由があります。副業・兼業のニーズが高まったのです。ニーズに応えるために，さまざまな副業・兼業に対する方策が書かれています。

　2020年の1月頃から新型コロナウイルス感染症（COVID-19）の影響で，多くの会社で勤務時間が減り，その結果，副業や兼業に対するニーズが高まったこともガイドラインの更新に影響を与えたのではないかと思います。

　本書の趣旨は，従業員を誰1人として解雇しないことを前提に，給与を退職金に組み替えることを検討してきました。ここからは，従業員を解雇することはないが，一定の時間を副業や兼業に充てることで雇用を守り，従業員の給与を守る策を考えてみたいと思います。

　副業や兼業は話には出るのですが，実際にはどうなのでしょうか。**図表10－1**は厚生労働省労働基準局による提出資料（第2回副業・兼業の場合の労働時

間管理の在り方に関する検討会，平成30年10月2日，資料5）にあったもので
す。本業に加えて副業を行っている数を示しています。調査は就業者全体では
ありませんので，数値そのものをみるというよりは，その増加に注目していた
だければと思います。

　中でも，正社員とパート・アルバイトは2002年，2012年，2017年と増加が進
んでおり，多くの会社の従業員が副業や兼業を実施していることがわかります。
新型コロナウイルス感染症の影響で会社の業績が落ち込んでいる今は，この副
業・兼業はますます増加しているのではないかと思われます。

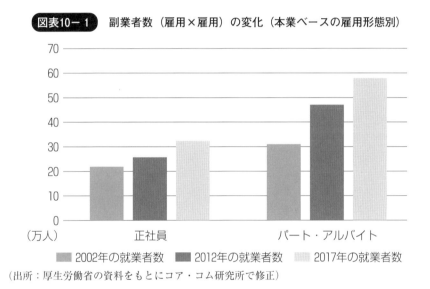

図表10-1　副業者数（雇用×雇用）の変化（**本業ベースの雇用形態別**）

（出所：厚生労働省の資料をもとにコア・コム研究所で修正）

(2)　メリット

　会社の目線で副業のメリットを考えてみます。第一のメリットは「**人材維
持**」です。要は，人材の流出の防止です。

　本業に"籍"を置きつつ，すなわち退社することなく働くということは，会
社からすれば人材の流出を防ぐことが可能となります。一度，流出させてし
まった人材を，再度，雇用しようとしても従業員側からすれば納得しがたいと

いう問題があるでしょう。なんとか本籍を確保しつつ，副業を可能にすることで会社は人材の保持と流出防止ができるのです。

　第二のメリットは「**学び**」です。副業によって，従業員が新たに知見を得ることも考えられます。これまでに身につけた知識を応用する機会を得ることもあるでしょう。会社の視点でみれば，副業をしている従業員は，あたかも大学や専門学校で学びの機会を得ているようなもので，それは会社の将来的な成長につながります。

　従業員が副業をするにあたっては，新たな経験から学び，それを会社に持ち帰り，また本業に活かすということを会社は考えるべきではないでしょうか。もちろん，副業先で得た，機密情報の流出等を行わないような配慮は必要です。

　第三のメリットは「**自立創造**」です。会社に勤務している従業員は，ともすれば「勤務時間中は会社の指示に従って，自分の考えを"停止"して会社の指示に言いなりになる」ことが必要だと考えがちです。自立心を失いがちになるのです。

　副業で，一時的に会社を離れて，別の会社で業務を行う，あるいは個人として業務を行うことで自立心が生まれます。「自分は何ができて，何ができないのか。何をやればより自立できるのか」を考える機会が副業によって得られる場合があります。自立心が高まる可能性があるのです。そして，この自立心が本業にも大きく寄与するでしょう。

(3)　副業とは従業員が中心となること

　2020年9月に厚生労働省労働基準局長名で「副業・兼業の場合における労働時間管理に係る労働基準法第38条第1項の解釈等について」が発出されました。発出先は各都道府県の労働局長です。すなわち，この文書は日本全国に発出されて重要性の高いものなのです。そして誰でもホームページから情報を得ることができます。

　ここには労働基準法第38条第1項における重要事項が記されています。筆者の理解を端的にお伝えすれば，この重要事項は「本業であっても副業であっても，従業員（労働者）にとっては就業先であることに変わりはない。そうであ

れば，従業員（労働者）に対応すべき会社の義務は“従業員が当社の従業員で
も，副業として当社に来た従業員でも”同じである。会社は，あるいは会社の
社長は，この厚生労働省の考え方をしっかりと認識すること」ということです。

　もっと端的にいえば，社長は油断していられないのです。「副業をしてもい
いよ」という社長は「これで，従業員が副業先に行ってる間は，私には責任は
ないな。楽だな」とはいっていられないのです。副業を受け入れた会社の社長
は「副業で来る従業員は，本業で働く従業員と比べたら楽だな。バイトみたい
なものだな」ともいいがたくなったのです。

　また，労働基準法第38条第1項では，「労働時間は，事業場を異にする場合
においても，労働時間に関する規定の適用については通算する。」と規定され，
「事業場を異にする場合」とは事業主を異にする場合をも含むと解釈されてい
ます。なお，事業場と事業主の違いに留意が必要です。

　労働時間は事業場を異にする場合には通算すると書いてありますが，これは
当然のことでしょう。例えば，製造業の会社で本社は東京にあるけれど，製造
のために山形の工場に出向くことはあり得ます。同じ会社に属しているのです
から，事業場は東京と山形で違っていても同じ会社ですから，労働時間は通算
されます。

　しかし，第38条第1項の内容を厚生労働省は「『事業場を異にする場合』と
は事業主を異にする場合も含む」と記しているのです。この解釈が示されたの
は，昭和23年，1948年のことです（昭和23年5月14日付・基発第769号）。ずい
ぶん前から，このように取り扱われていたのです。

　事業主を異にするとは，異なる会社であってもということだと理解できます。
ここで重要なのは，従業員は勤務先が異なったとしても，その労働時間がどれ
だけになるのか，過剰労働になっていないかを，従業員本人もさることながら，
会社が考えなければならない。従業員が複数の会社で働いているとしても，そ
の複数の会社が，間に労働者を挟んで「労働者が過剰労働になっていないか」
を判断しなくてはならないということです。

　このように労働時間という点においては，副業を含めて考えるようになって
いるのです。

(4)　労働時間の通算の対象

　ある会社の従業員が，事業主を異にする複数の会社において，「労働基準法に定められた労働時間規制が適用される労働者」に該当する場合に，労働基準法第38条第1項の規定により，それらの複数の会社における労働時間が通算されるようになりました。

　ここでいう「労働時間規制が適用される労働者」とはどういう従業員でしょうか。厚生労働省の「副業・兼業の促進に関するガイドライン」（平成30年1月策定，令和2年9月改定）をまとめてみます。

　本業側の会社と副業側の会社が，当該従業員に何をしなければいけないのかが記されています。以下はガイドラインで「使用者」と表記していた字句を「会社」に書き換える等，趣旨を変えない範囲で少し読みやすくしています。

【副業の枠組み】

　会社は，副業・兼業の開始前に，当該副業・兼業を行う労働者と，もともと労働契約を締結していた会社（以下「会社A」という。）の事業場における法定外労働時間と時間的に後から労働契約を締結した副業会社（以下「副業会社B」という。）の事業場における労働時間（所定労働時間および所定外労働時間）とを合計した時間数が単月100時間未満，複数月平均80時間以内となる範囲内において，各々の会社の事業場における労働時間の上限をそれぞれ設定し，各々の会社Aと副業会社Bがそれぞれその範囲内で労働させることとするものであること。また，会社Aは自らの事業場における法定外労働時間の労働について，副業会社Bは自らの事業場における労働時間の労働について，それぞれ自らの事業場における36協定の延長時間の範囲内とし，割増賃金を支払うこととするものであること。

　これにより，会社Aおよび副業会社Bは，副業・兼業の開始後においては，それぞれあらかじめ設定した労働時間の範囲内で労働させる限り，他の使用者の事業場における実労働時間の把握を要することなく労基法を遵守することが可能となるものであること。

　なお，36協定とは「サブロクキョウテイ」と読みます。36協定とは過剰な時間外労働いわゆる残業に対応し，従業員（労働者）を守るための協定です。

　労働基準法では，労働時間は原則として，1日8時間・週40時間以内とされています。これが「法定労働時間」です。法定労働時間を超えて労働者に時間外労働（残業）をさせることが必要な場合もあります。その場合には，労働基準法第36条に基づく労使協定（36協定）の締結が必須です。

　また所轄労働基準監督署長への届出が必要です。36協定では，「時間外労働を行う業務の種類」や「1日，1カ月，1年当たりの時間外労働の上限」等を決めなければなりません。

　会社（使用者）は，36協定の範囲内であっても従業員（労働者）に対する安全配慮義務を負います。また，労働時間が長くなるほど過労死との関連性が強まることに留意する必要があります。

　なお，2018年6月に労働基準法が改正され，36協定で定める時間外労働に罰則付きの上限が設けられることとなりましたので，会社としては注意が必要です。2019年4月に施行されていますが，中小企業への適用は2020年4月から始まっています。

(5)　副業と社会保険制度の関係

　副業を行う場合の社会保険制度はどうなっているのでしょうか。ここからは，副業という点で気になる社会保険制度の中の雇用保険から話を始めたいと思います。

　雇用保険制度について，前述の厚生労働省のガイドラインは次のように記しています。

　　「労働者が雇用される事業は，その業種，規模等を問わず，全て適用事業（農林水産の個人事業のうち常時5人以上の労働者を雇用する事業以外の事業については，暫定任意適用事業）である。このため，適用事業所の事業主は，雇用する労働者について雇用保険の加入手続きを行わなければならない」。

　つまり，会社があってそこに従業員がいるのなら，会社は雇用保険制度を設ける義務があり，従業員はそこに加入できるのです。ここまでは想定内のことだと思います。ここからが副業に関する重要事項です。厚生労働省のガイドラインでは，次のようにも記しています。

　「同一の事業主の下で，①１週間の所定労働時間が20時間未満である者，②継続して31日以上雇用されることが見込まれない者については被保険者とならない（適用除外）。また，同時に複数の事業主に雇用されている者が，それぞれの雇用関係において被保険者要件を満たす場合，その者が生計を維持するに必要な主たる賃金を受ける雇用関係についてのみ被保険者となるが，「雇用保険法等の一部を改正する法律」（令和２年法律第14号）により，令和４年１月より65歳以上の労働者本人の申出を起点として，一の雇用関係では被保険者要件を満たさない場合であっても，二の事業所の労働時間を合算して雇用保険を適用する制度が試行的に開始される」。

複雑です。ポイントにしてまとめてみます。
- 被保険者にならない：１週間の労働時間が20時間未満（週５日だとしたら毎日４時間未満といった感じ）
- 被保険者にならない：31日以上は継続して雇用されない（30日までの契約だと適用対象外となる）
- 複数の事業主に雇用されているとは，複数の会社で働いているということ。この場合は「一番たくさん，かつ，生活の支えになる程度の給与を得ている会社から雇用保険を適用してもらえる」
- 法律が改正されたのでまだ試行的だが，65歳以上の労働者には，本業の会社，副業の会社が共同して雇用保険を適用する方法を模索している（2020年末現在：筆者調べ）

　雇用保険は上記の内容ですが，厚生年金保険・健康保険はどうなっているでしょうか。
　原則として会社という組織は厚生年金保険・健康保険の強制適用事業所とな

ります。法人（株式会社等）の事業所は，従業員等に対して適用する義務を負います。事業主が1人だとしても，つまり社長だけで会社を経営していても，その社長は適用対象になるのです。

　個人の事業所であったとしても，従業員が5人以上いるのであれば厚生年金保険の対象になります。農林業，漁業等で適用対象外になることもありますが，就業する人たちは基本的に厚生年金保険の加入者となる仕組みです。

　アルバイトやパートタイマーは対象にならないと思いがちですが，対象となる場合があります。常時雇用，つまり常に会社に来て，労働時間などが正規従業員と同様であれば対象になります。1週間の所定労働時間および1カ月の所定労働日数が同じ会社（事業所）で同様の業務に従事している通常の従業員（労働者）の4分の3以上である場合も対象となります。

　1週間の所定労働時間が通常の従業員（労働者）の4分の3未満，1カ月の所定労働日数が通常の従業員（労働者）の4分の3未満，またはその両方の場合で，次の5要件を全て満たす場合は，被保険者になりますから留意してください。

①　週の所定労働時間が20時間以上あること
②　雇用期間が1年以上（2022年10月以降は「2カ月超」）見込まれること
③　賃金の月額が8.8万円以上であること
④　学生でないこと
⑤　特定適用事業所または任意特定適用事業所に勤めていること（国，地方公共団体に属する全ての適用事業所を含む）

　任意適用事業所という仕組みもあります。株式会社などの法人の事業所（強制適用事業所）以外の事業所であっても，従業員の半数以上が厚生年金保険の適用事業所となることに同意するのです。そして，会社（事業主）が適用事業所の申請を行い，厚生労働大臣の認可を受けることが必要です。

　さて，副業がある場合はどうなのでしょうか。本業もあり，副業もあるということは，複数の雇用関係に基づき複数の会社（事業所）で勤務するということです。本業でも副業でもいずれの会社（事業所）においても適用要件を満たさない場合，労働時間等を合算して適用要件を満たしたとしても，適用されな

いのです。

　少なくとも本業の会社で適用要件が満たされていることが，必要だといえます。

　また，同時に複数の会社（事業所）で就労している者が，それぞれの会社（事業所）で被保険者要件を満たす場合，被保険者は，いずれかの事業所の管轄の年金事務所および医療保険者を選択し，当該選択された年金事務所および医療保険者において各事業所の報酬月額を合算して，標準報酬月額を算定し，保険料を決定する必要があります。

　ここでいう医療保険者とは，会社員の場合だと大企業向けの「組合管掌健康保険」，中小企業向けの「全国健康保険協会管掌健康保険（協会けんぽ）」，公務員等の「共済組合」，自営業者向けの「国民健康保険」になります。

　これらを踏まえて，会社（事業主）は，従業員である被保険者に支払う報酬の額により按分した保険料を，選択した年金事務所に納付（健康保険の場合は，選択した医療保険者等に納付）することとなるのです。

　これらを考慮してみると，副業の時代における社会保険についての対応の重要性がみえてくることがわかると思います。

第11章

ジョブ型の退職金

プロ野球にも退職金・年金があるらしい

「ハジメ先輩…プロ野球って好きですか？」

「好きだよ。僕は小学校の時は野球チームに入っていたからね。野球少年はプロ野球にあこがれるんだよ」

「そうなんですか？　どこを守っていたんですか？　内野，外野，…もしかしてピッチャーとか？」

「えーとね……補欠でスコアブックを担当してたよ」

「……す，すみません」

「む，補欠だからってバカにしてはいけないよ。最近の野球は，セイバーマトリクスといって統計分析を駆使した手法がチームの勝敗にも影響しているといわれているんだ。だからスコアラーだって，立派なチームの一員なんだよ」

「理系らしさが出てますね。アクチュアリーですね。かっこいいです」

「それはそうとして，どうしてプロ野球のことを聞いてるの？」

「プロ野球の選手は若いうちには活躍しますが40歳ぐらいまでには多くの選手が引退しますよね。私たちは65歳まで働くことを前提にしてますけど，プロ野球選手の“退職”はかなり早い段階じゃないですか」

「なるほど…そうだね。引退後にコーチとか監督とかになる人もいるけど，それはごく一部かもしれないね。プロとしてやれる間はいいけど，体力が落ちたら次の若手の優れた選手に譲るよね。ジョブ型雇用みたいな感じかな」

「ジョブ型？」

「そうだね。自分が得意なジョブを選手は行う。監督からすれば，今欲しい

ジョブを持っている選手を採用するってことだよ。外野が足りなければ外野ジョブを持っている選手を採用する。ピッチャーが足りなくなった時に，外野の人をピッチャーに配置転換せずに，新しくピッチャーを採用するって感じだよ」

「なるほど，それがプロ野球のやり方ですよね。」

「そのジョブ型の場合でも退職金というか年金制度があるんだよ」

「そうなんですか？　プロの世界にも！」

「プロの世界だけど，冷静に考えれば会社員もプロみたいなもんじゃない。で，調べてみたら，アメリカのメジャーリーグには年金制度があるみたいなんだ」

「どれくらいもらえるんですか？」

「メジャーリーグに在籍した年数によって異なるみたいだけど，結構，手厚くて，例えば10年間在籍していれば18万ドルほどもらえる」

「毎年，18万ドルってことは，為替レートを１ドル100円だと考えれば，毎年1,800万円もらえるんだ！　私もメジャーリーグに入ろうかな」

「ははは。日本のプロ野球にもあるみたいだよ」

「しかし，ジョブ型雇用といえども年金や退職金のことは考えなきゃいけないんですね…」

「どんな形態で働いていても，いずれは退職するわけだからね」

(1)　これまでの雇用形態はメンバーシップ型雇用

　日本では，これまで基本的にはメンバーシップ型雇用という形態が一般的でした。かなり前の話ですが，基幹的業務と補助的業務という考え方があり，ここから総合職と一般職という区分が生まれたと考えることができます。

　今では時代遅れともみなされる部分はありますが，現状でも総合職は大卒が多く，中でも男性が多いといわれており，一般職は，大卒に限らず高卒等が多く，女性が中心ともいわれています。

　総合職はまさにメンバーシップ型雇用という雇用形態であるといえるのではないでしょうか。ローテーションで職務内容を変えていくことが一般的です。新入社員として営業部に配属され，そこでクライアントとの接し方を学び，数

年経てば，国際業務やIT部でまた新たなことを学びます。一定程度の時間が経って，社会人としての学びが充実したころには人事部で採用を担当したり，法務・コンプライアンスで会社の取引・契約を確認したり，業務企画で会社の将来計画の策定を行ったりします。

このように顧客対応，人事対応，法務対応，株主対応，省庁対応等を学び，その後は取締役，常務，専務，副社長そして社長といった出世階段を上ります。これがメンバーシップ型雇用です。

メンバーシップ型雇用のもとでは，新入社員として会社に就職すれば，定年退職時まで雇用され，その後は退職金や年金を会社から給付されます。勤務時には給与という形で，退職後にも退職金・年金という形で（金額はともかく）おカネを得るのです。

メンバーシップ型雇用においては，終身雇用に加えて，退職後の金銭的な手当てまでを行うのが一般的なのです。今でも行われますが，定年退職者の集まり，俗にいう同期会やシニアクラブなどの定期的な人事交流もあり，まさに「就職ゆりかごから墓場まで」なのです。

（2）　ジョブ型雇用

このようなメンバーシップ型雇用（終身雇用）ですが，近時，内容が変わりつつあります。

話題となっているのがジョブ型雇用です。ITに関連する大企業を中心としてジョブ型雇用の動きが活発化しているように感じます。

ジョブ型雇用とは，極論すれば，会社に就職するというよりは，特定の部門に就職するようなものです。会社に就職すれば，その会社の業務内容を学び，会社を成長させようと考えます。そのために，さまざまな分野の知見を得て，最終的に会社を成長させます。

特定の部門に就職するということは，その部門が行っている分野のみの仕事をするということです。そして，その特定の分野に関する知見をすでに保有していることが望まれます。知見の保有が十分に至らずとも，それに対する意欲を持っており，学ぶことがやりがいにつながるということが大前提になると考

えられます。

　ジョブ型雇用とは，端的にいえば適材適所ということになるでしょう。ジョブ型雇用が一般的なアメリカにおいては，終身雇用のメンバーシップ型は一般的ではありません。就職時に必要な書類は「何をやりたいのか。何ができるのか。なぜ，それができるのか」と氏名を記すだけです。会社として人材を雇用する際に最も重要なのは「何をやりたいのか。何ができるのか。なぜ，それができるのか」なのです。

　メンバーシップ型雇用のもとでは，会社が従業員を育ててくれるのですが，ジョブ型雇用のもとでは従業員がプロフェッショナルであることを求めます。人を育てることは，あまり意識されていません。メンバーシップ型とジョブ型の時間の流れをみればわかります。**図表11−1**はメンバーシップ型雇用を示しています。終身雇用が前提で，最初は給与が低く徐々に上がっていきます。なお，仮定として5年目までは給与が収益を上回るために利益は出ずに，6年目から徐々に利益が増額することとしています。

　会社の利益はどうかといえば，従業員がプロとして育つまでは，給与額が収益を上回るので，会社の利益はマイナスになります。徐々に従業員がプロとな

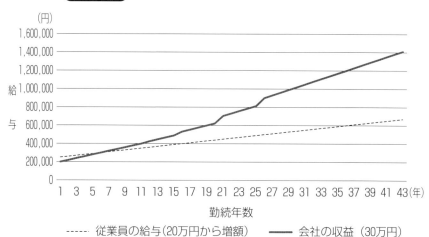

図表11−1　メンバーシップ型雇用（終身雇用）（イメージ）

り収益を上げていきます。一般的には３年から７年ほど経つと会社の利益はプラスになるといわれています。それ以降は，従業員の能力が高まるので，会社の収益は勤務期間が長いほど増えていくということとなります。

　これがメンバーシップ型雇用（終身雇用）のありようです。会社（社長）からすれば，従業員を育てる期間があり，十分に育てることで利益を蓄積できるということになります。終身雇用は長期的には会社の利益につながるという考え方です。最終的に，会社としては平均して30万円の利益が出ることを想定しています。

　図表11－2はジョブ型を表しています。ジョブ型では従業員はプロとして30万円の給与を得るのですが会社としては，そもそも利益が30万円出ることが前提です。会社で育てるという考え方はありません。30万円の利益を出せる人材を，会社は採用するだけです。それゆえに，給与を上回る収益が恒常的に出ることになります。

　この**図表11－2**は，それだけ稼げるジョブを持つ従業員がいるから，会社は採用するという姿を現しています。

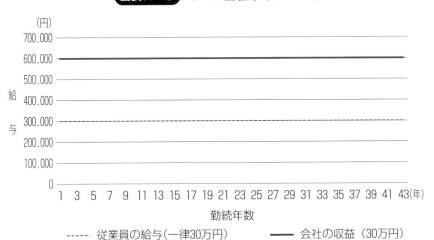

図表11－2　ジョブ型雇用（イメージ）

(3) ジョブ型雇用のメリット・デメリット

　会社（社長）の視点からジョブ型雇用を考えてみましょう。会社が求めているのは，会社に収益をもたらしてくれる従業員です。従業員の採用にあたり，会社が求めている能力の保有者を探します。会社が従業員を育てるという面倒なことを行う必要はありません。即戦力となるわけです。

　従業員のメリットは何でしょうか。後ほどお話ししますが，それは自らの能力を十分に活かせるということであり，それによって得られる「働きがい」です。会社から指示をされ，希望しない仕事を割り振られるばかりでは従業員としてはモチベーションの維持が困難です。会社の指示が，従業員の働きがいとたまたま一致していればいいのですが，そうであろうがなかろうが「給与をもらえるのだから，何であろうと働く」ということを許容する従業員はいないでしょう。

　従業員とすれば，自分が持っている知識・能力を会社で使うことで，満足度と給与の双方を得ることができます。ジョブ型雇用は金銭的にも心理的にも満足感を得ることができます。

　会社も従業員もジョブ型雇用でメリットを得ることができます。しかし，メリットがあればデメリットもありますので，それについて考えてみましょう。

　会社のデメリットは，従業員との関係性の構築です。会社が求める業務内容が，従業員の保有するスキルと同じであったとしても，そこには微妙な違いが出てきます。会社のビジネスが拡大し，業務内容が変化した場合には，従業員に変更を求めます。従業員がそれに対して満足できないと軋轢が生じます。その解決策は給与の上昇となります。ジョブ型雇用のデメリットの1つです。

　会社としては従業員の変更を行いたいところですが，そう簡単に知識・能力の保有者を採用できるわけでもないでしょう。また，会社としては特定の知識・能力を持つ従業員が必要なのですが，従業員の知識・能力は時間とともに会社が必要とするモノではなくなることがあります。

　近年であれば，IT分野におけるAIの進化が挙げられます。IT担当者が知識や能力をアップデートして，AIの技術を獲得しているとは限りません。も

はや役に立たないと会社が判断した場合，会社は利益を出せない従業員を解雇する必要があります。しかしながら会社都合の退職は，自己都合退職に比較し困難です。また，そもそも簡単に退職させることはできません。

　いずれの場合にも退職を円満にするためには，金銭的な対応が必須となるでしょう。これが，ジョブ型雇用のデメリットの２つ目です。

　従業員として革新的な知見・能力を保有しているのであれば，会社としては十分な利益につながりますから，給与を上昇させ続けることに何の問題もありません。海外事業，AI，医療系事業，ESG対応等々の今の時流に乗った革新的知見・能力を保有するトップランナーにはジョブ型雇用のデメリットは"どこ吹く風"ですが，一般の従業員にとってはそうではありません。

　ジョブ型雇用のデメリットにも十分な対応が必要になります。

(4)　ワークエンゲージメント

　ジョブ型雇用という方法にはワークエンゲージメントが必要になってきます。エンゲージメントとは，日本語だと「約束」あるいは「契約」になります。会社は従業員を採用するにあたって，従業員に対して何を期待しているのかを契約書に記します。

　従業員は就職するにあたって，その契約書に記されている内容（ワークエンゲージメント）を理解し，そのとおりに会社で働くという点に合意します。ここにおいて，会社が想定しているワークエンゲージメントと従業員が勤務時に行うワークエンゲージメントが一致することになるわけです。

　筆者の理解では，ワークエンゲージメントはアメリカで発展しました。アメリカは世界の中では独立国としてみれば新興国です。アメリカ合衆国の独立記念日は，今からおよそ250年前の1776年7月4日です。

　250年前にできた国が，今では，GDPでみれば世界経済のナンバー１となっています。これだけ急速に発展するには，まずは人が必要です。従業員がいないことには経済は発展しません。世界中から，特にイギリス，フランス，ドイツ等々の欧州から従業員を集め，同時にアフリカ系の人たちもアメリカにやって来て従業員になったわけです。

124

　言語，宗教，思想等々さまざまに異なる人たちが会社で働くには「会社は
"これ"を求めていますので，従業員は"これ"は確実に果たしてください。
"これ"でいいのです。ほかのことは求めません」という指示が必要です。こ
の指示がアメリカにおけるワークエンゲージメントとして発達したのです。

　筆者はアメリカの会社で働いたことがあります。その時に，従業員として筆
者がサインをした内容が，**図表11－3**になります。イメージとして参考にして
ください。ポイントは業務内容です。極めて事細かに書かれています。会社と
しては，書かれた内容に同意をしたということであれば，それについては果た
してもらうことを求めます。

　当時，筆者の上司であったアメリカ人の取締役は，業務内容について筆者が
どのように果たしているかを週に一度，数時間かけて説明を求めてきました。

図表11－3　ワークエンゲージメント事例

職位	上位コンサルタント職
勤務内容	常勤社員（従業員）
勤務時間	日次7時間，月〜金。
残業等	上席の指示に従う。ただし休日出勤の場合には20日以内に平日休暇を与える。残業時間は週に10時間，月45時間，年間360時間を上限とする。
業務内容	▶コンサルテーションをクライアントに対して行う ▶クライアントが要求する下記に対応する ・公的年金制度，厚生年金基金，確定給付企業年金制度，確定拠出企業年金制度 ・資産運用にかかわる手法 ・アメリカ本社との対応 ・厚生労働省等の公的機関との対応 ・・・・・以下20ほどの項目
給与	月額○○万円 年額○○万円 ボーナス等はない
社会保険	あり

上司は同様のことを数十人に行っていました。上司にとっては従業員のワークエンゲージメント管理が主業務なのです。

　余談ですが，ある時，この上司が「私も君のようにクライアントに対して働きたいな。若い頃はよかった」と言ったことがあります。ワークエンゲージメントという業務形態の複雑さを感じました。

(5)　“働きやすさ”を求めるワークエンゲージメント

　ジョブ型雇用がワークエンゲージメントと関連性があるという想定のもとで，ここまで記しました。

　今，期待されているのがジョブ型雇用おける新しいワークエンゲージメントの形態です。現在，COVID-19の影響でGDPは伸び悩んでいます。しかしながら，最近のGDPの成長をみると，日本の経済成長がみえてきます。

　例えば2009年の名目GDPは494.9兆円であったのが，2019年には561.3兆円になっています。10％以上伸びています。単純な判断はできませんが，少なくとも，会社に勤務する人たちの多くが豊かになっているのです。

　この状況下での新ワークエンゲージメントには，次のような特徴があります。

- 勤務時間を設定できる
  - ➤ 週の勤務日数（例：週3日，土日のみ等）
  - ➤ 勤務時間（例：午前のみ，午後のみ，深夜等）
- 会社での使用言語の設定ができる
  - ➤ 日本語
  - ➤ 英語
  - ➤ 中国語等
- 勤務場所の設定ができる
  - ➤ 勤務場所の特定あるいは移動の自由
  - ➤ テレワーク（オンラインワーク）
  - ➤ シェアオフィス
- 勤務内容の設定ができる
  - ➤ 営業職

> 専門職
    ◇ クライアント対応
    ◇ 社内対応（省庁等との対応を含む）
> 事務職
    ◇ クライアント対応
    ◇ 社内対応

　上記をみれば，従業員が「働きやすさ」をワークエンゲージメントとして求めていることがわかります。以前のワークエンゲージメントとは異なる新ワークエンゲージメントなのです。

(6)　アサインマネジメント

　新ワークエンゲージメントでは「働きやすさ」が重要視されます。そうであれば会社は，従業員を働きやすくすることに注力しないと，従業員の採用もできませんし，現従業員が去っていく可能性すらあります。

　従業員の働きやすさを高めるためには，会社が的確にアサインマネジメントを行う必要があります。会社側の担当者（いわゆる上司等）が部下の従業員にどの業務を，いつ，どのように割り当てるかをマネジメントしなくてはならなくなっているのです。

　アサインマネジメントでは，どのように働くかを決めると同時に，それに対する金銭的なマネジメントを行う必要性があります。新エンゲージメントにおいて働き方も働く場所もさまざまになっている従業員の給与を決めなければなりません。

　給与だけを決めるのではなく，それに対する社会保険料を考えなければなりません。加えて，会社の退職金や年金制度についても考慮しなければならないのです。

(7)　新常態のリ・スキリング

　新エンゲージメントは，働きやすい会社で働く従業員が増加することを想定しています。従業員の知見・能力を活かせる会社で働くということです。知識・能力に応じて給与を得るということになります。会社はこのような条件を保有している従業員を必要とするのです。

　これは，知見・能力が退化すれば従業員としてはいられないということを示しています。退化しないように，常に時代に合わせて知見・能力を維持できればいいですが，そのための学習を勤務中に行うことは時間の制約もありますのでなかなかむずかしいです。

　この状況に対応する策として注目されているのが，リ・スキリングです。スキリングは学びです。高校で学ぶ，大学で学ぶ，専門学校で学ぶといったスキリングを，社会人になってから再度始めること等をリ・スキリングと呼んでいます。

　一般的には，会社員になってから20年あたりで新たな学びが必要になる場合が多く，リ・スキリングに適した時期だと考えられます。また，65歳の定年前に，早期退職（55歳～60歳）する場合に，人生100年時代（70歳まで現役）に備えて，新たな就業の機会を作るためにリ・スキリングが必要とされているのです。

(8)　社会保険・退職金・企業年金

　ジョブ型雇用，新エンゲージメントによる働き方の変化によって，給与体系等が変化しています。加えて，人生100年時代の到来により，勤務年数が長期化しています。

　この状況下で最も気になるのがおカネです。すなわち社会保険，退職金，企業年金です。

　社会保険については，国民皆保険制度なので，ジョブ型雇用であろうとなかろうと全員に適用されます。

　またいわゆる企業年金については，確定給付企業年金，確定拠出年金（企業型DC），厚生年金基金に加えて個人型確定拠出年金であるiDeCoがあります。年金制度ではないのですが，積立てを行いおカネを"運用して貯める"という意味ではNISA（Nippon Individual Savings Account，少額投資非課税制度）もあります。

　年金制度と直接的には関連しませんが，参考までにNISAを含めてiDeCoとともに**図表11－4**に内容を記します。

　退職金についても，ジョブ型雇用，新エンゲージメントにおいては必須ではないかと考えます。ジョブ型雇用，新エンゲージメントのもとでは，従業員は自由に働ける分だけ，社会保険や年金・退職金には期待しないという風潮があるように感じます。

　しかしながら，もはや週7日のうちに何日働くのが一般的という考え方は通用しません。もともと日曜日が休日という状態が，1980年代後半頃から週休2日制となり，それ以降30年以上は週休2日制が維持されてきましたが，最近はまだ少数とはいえ週休3日制の会社も存在します。副業・兼業の導入もあり，何日働くか，何日休むかに意味がなくなりつつあります。

　働くのであれば，社会保険は当然ですが，働き方に合わせて，年金・退職金を受け取れるようにすることを考える時代になりつつあります。この点ではiDeCo等の年金制度に加入していない従業員が多いのであれば，退職金を導入すべきと考えます。複数の職につき，最終的には，老後をさまざまな会社から得た退職金で生活するということも考えられるのです。

図表11－4　iDeCo と NISA

名　称	適用期間	非課税期間	内　容
iDeCo（イデコ）	20歳〜60歳^(※)未満	60歳^(※)まで	個人型確定拠出年金（注1を参照）
iDeCo+（イデコプラス）中小事業主掛金納付制度	20歳〜60歳^(※)未満	60歳^(※)までかつ勤務先の会社が拠出する間	iDeCoに加入している従業員に対して行う制度（注2を参照）
NISA（一般）	2014年〜2023年	5年間	主に投資信託（年120万円）
新NISA（つみたて＋一般）	2024年〜2028年	5年間	積立て（年20万円）主に投資信託（年102万円）
つみたてNISA	2018年〜2037年	20年間	主に投資信託（年40万円）
ジュニアNISA	2016年〜2023年	5年間	日本に住む0歳〜19歳が対象（年80万円）

※　2022年5月以降は「65歳」

（注1）　iDeCoの掛金について
- 第1号被保険者は月額68,000円（国民年金基金あるいは国民年金付加保険料との合算が上限）
- 第2号被保険者で会社に企業年金制度がない場合は月額23,000円
- 第2号被保険者で会社にて確定拠出年金（企業型DC）に加入している従業員は月額2万円
- 第2号被保険者で確定給付，確定拠出（企業型DC）の両方に加入している従業員は月額12,000円
- 第3号被保険者は月額23,000円

（注2）　iDeCo+について
- 企業年金を実施していない中小企業（従業員数300人以下）の従業員のための制度
- iDeCoに加入している従業員のみ
- 掛金は加入者掛金と事業主掛金の合計額が月額5,000円以上，23,000円以下
- 加入者と事業主がそれぞれ月額1,000円単位で掛金を拠出
- 納付は事業主が従業員分をまとめて行う

【著者紹介】

山本　御稔（やまもと・みとし）

コア・コム研究所　取締役社長

1961年生まれ。同志社大学卒，シカゴ大学 MBA，九州大学博士課程満期退学。ペンシルベニア大学 ウォートン校 年金・キャッシュマネジメントコース修了。信託銀行，外資系保険関連会社を経て，有限責任監査法人トーマツ（デロイト・トーマツ）にて年金，資産運用部門のパートナーとして勤務。2020年1月より現職。

勝島　　一（かつしま・はじめ）

コア・コム研究所　主席フェロー　年金数理人

1966年生まれ。日本アクチュアリー会正会員。東京大学卒。信託銀行，有限責任監査法人トーマツ（デロイト・トーマツ）にて企業年金に関する数理計算業務および制度変更，M&A等におけるコンサルティング業務に従事後，2020年7月より現職。

リストラするくらいなら給与を下げて退職金を増やしなさい
資金確保のための社会保険料節約術

2021年7月10日　第1版第1刷発行

著　者	山　本　御　稔	
	勝　島　　　一	
発行者	山　本　　　継	
発行所	㈱中央経済社	
発売元	㈱中央経済グループパブリッシング	

〒101-0051　東京都千代田区神田神保町1-31-2
電　話　03 (3293) 3371 (編集代表)
03 (3293) 3381 (営業代表)
https://www.chuokeizai.co.jp
印刷／東光整版印刷㈱
製本／㈲井上製本所

©2021
Printed in Japan

＊頁の「欠落」や「順序違い」などがありましたらお取り替えいたしますので発売元までご送付ください。(送料小社負担)

ISBN978-4-502-38541-4 C3034

社会保険労務六法

全国社会保険労務士会連合会 ［編］

社会保険制度や労働・福祉制度の大変革が進むなかで，これら業務に関連する重要な法律・政令・規則・告示を使いやすい2分冊で編集。社会保険労務士をはじめ企業の社会保険担当者，官庁，社会福祉，労働・労務管理・労使関係などに携わる方，社会保険労務士受験者の必携書

毎年好評発売

■主な内容■

第1分冊

社会保険関係法規 ■健康保険関係＝健康保険法／同施行令／同施行規則他　厚生年金保険関係＝厚生年金保険法／同施行令／同施行規則他　船員保険関係＝船員保険法／同施行令／同施行規則他　国民健康保険関係＝国民健康保険法／同施行令／同施行規則他　国民年金関係＝国民年金法／同施行令／同施行規則他　社会保険関係参考法規＝確定拠出年金法／確定給付企業年金法／日本年金機構法他

第2分冊

社会保険関係法規 ■児童手当及び高齢者福祉関係＝子ども手当関係法令／高齢者の医療の確保に関する法律／介護保険法他

労働関係法規 ■労政関係＝労働組合法／労働関係調整法他　労働基準関係＝労働基準法／同施行規則／労働契約法／労働時間設定改善法／労働安全衛生法／雇用均等法他　職業安定関係＝労働施策総合推進法／職業安定法／労働者派遣法／高年齢者等雇用安定法／障害者雇用促進法他　労働保険関係＝労働者災害補償保険法／雇用保険法／労働保険の保険料の徴収等に関する法律他　個別労働紛争解決関係＝民法（抄）／民事訴訟法（抄）／個別労働関係紛争解決促進法／裁判外紛争解決手続の利用の促進に関する法律／労働審判法他　労働関係参考法規＝労働保険審査官及び労働保険審査会法／行政不服審査法他

社会保険労務士関係法規 ■社会保険労務士法他

中央経済社